U0910911

江西财经大学资助出版

RESEARCH ON THE GROWTH OF INDUSTRIAL CLUSTER FIRMS BASED ON CLUSTER KNOWLEDGE NETWORK

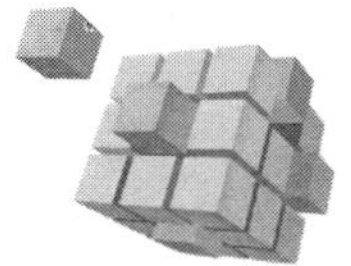

基于集群知识网络的集群企业成长研究

何小兰◎著

经济管理出版社
ECONOMY & MANAGEMENT PUBLISHING HOUSE

图书在版编目（CIP）数据

基于集群知识网络的集群企业成长研究/何小兰著.—北京：经济管理出版社，2018.5
ISBN 978-7-5096-5782-9

Ⅰ.①基… Ⅱ.①何… Ⅲ.①企业集群—企业发展—研究Ⅳ.①F276.4

中国版本图书馆CIP数据核字（2018）第090603号

组稿编辑：张　昕
责任编辑：宋　娜　张　昕　田乃馨
责任印制：黄章平
责任校对：陈　颖

出版发行：经济管理出版社
（北京市海淀区北蜂窝 8 号中雅大厦 A 座 11 层　100038）
网　　址：www.E-mp.com.cn
电　　话：（010）51915602
印　　刷：北京玺诚印务有限公司
经　　销：新华书店
开　　本：720mm × 1000mm/16
印　　张：11.5
字　　数：176千字
版　　次：2018年5月第 1 版　2018年5月第 1 次印刷
书　　号：ISBN 978-7-5096-5782-9
定　　价：88.00元

联系地址：北京阜外月坛北小街 2 号
电话：（010）68022974　　邮编：100836

前　言

产业集群是我国区域经济发展的重要产业组织形式，但我国产业集群大多数仍处于价值链的低端，缺乏自主品牌和创新能力。因此，转型升级已成为当前很多产业集群必须面对的战略任务。基于中国产业集群的升级背景，本书试图回答以下问题：在集群升级阶段，影响集群企业成长的关键因素是什么？这些关键因素有什么特点，具体内容如何？这些关键因素又是如何影响集群企业成长的？

围绕上述问题，本书首先提出了集群企业的成长在升级阶段面临的关键问题——创新性知识的来源及其管理。其次，基于集群学习的分析框架，本书将创新性知识的来源及其管理归结为三个方面，即通过集群的跨网络学习从集群外获得创新性知识，在集群内进行集体学习实现创新性知识的转移和利用。最后，本书阐明了创新性知识的空间布局，即集群知识网络的结构、内容，并揭示了集群知识网络的结构、内容对集群企业成长的影响机理。由此，建立起集群知识网络、集群学习和集群企业成长关系模型，并从集群学习的三个方面：知识获取、知识转移和知识利用提出集群知识网络对集群企业成长影响的假设，然后收集数据进行实证检验。实证研究发现：①集群知识网络成员间的知识获取、知识转移和知识利用能显著推动集群企业的成长。②集群知识网络的开放性越大，集群企业在全球产业网络中的中心性越高，集群企业越容易获得更多的新知识。③集群企业的吸收能力、产业远景能力是影响集群企业通过集群知识网络获得新知识的重要中介变量。④集群知识网络的密度越大、结构对等性越强，知识转移和知识利用的效果就越好。但是，集群知识网络成员的知识差距越大，知识转移和知识利用的效果就越差。⑤知识默会性、集群企业的吸收能力是影响集群知识网络成员间转移知识的重要中介变量。⑥认知冲突、合作善意是影响集群知识网络成员利用知识的重要中介变量。⑦集群知识网络的关系治理是影响集群知识网络成员间进行集群学习的重要调节变量。

本书研究的创新之处主要体现在以下几个方面：

（1）不同于以前从整个生命周期阶段来探讨集群企业的成长，也不同于以前从产业层面来研究集群的升级，本书创新性地将集群升级与集群企业成长结合起来，试图揭示集群升级阶段的企业成长机理。本书认为，在集群升级阶段，创新性知识的获取、转移与利用是集群企业实现成长的关键所在。集群企业的成长应作为集群升级阶段中大多数企业的整体性成长，而非单个集群企业的成长。因此，集群关系的治理是影响集群升级阶段集群企业能否持续成长的重要因素。

（2）不同于以前从资源理论来分析集群企业成长的研究，本书综合组织学习理论、集群知识网络理论来研究集群企业的成长机理，剖析了集群升级背景下集群企业成长所需的知识资源特点、类型，阐明了集群知识的空间布局形态即集群知识网络的结构，揭示了集群学习的内容与过程，并综合知识资源、集群学习阐述集群企业的成长机理。

（3）不同于以前仅基于结构主义的知识网络研究，本书综合网络成员的属性、网络结构与网络治理规则等来研究集群知识网络的效应。一方面，本书剖析了集群网络成员间的知识差距、集群关系治理等对集群企业成长的作用；另一方面，本书揭示了结构对等性对集群企业成长的影响。目前社会网络结构对等性的研究主要集中在对社会学里各种关系的研究上，还很少有学者研究产业集群内的各种关系。

（4）不同于以前对集群知识网络与集群成长的静态研究，本书从知识流动的三个阶段动态考察集群知识网络对集群成长的影响。本书提出，从知识流动的角度来看，集群学习是一个循环往复、不断深化的结果，知识获取、知识转移和知识利用三个阶段也在不断循环递进。这种螺旋式推进集群学习最终推动了集群企业的技术升级和成长。由此，本书提出了基于集群学习的集群企业成长机理模型。

目　录

第1章 绪 论

1.1 选题背景与研究意义

在我国，大多数根植于地方的产业集群在经历了起步、迅速发展、成熟阶段后，已经进入产业升级阶段。为了在激烈的国际竞争中赢得生存和发展的空间，集群迫切需要进行功能创新、价值链升级。创新理论认为，创新的本质是对知识和信息的获取与整合，是在知识流动的过程中产生的知识积累和知识创造过程。集群企业首先获得创新性的知识，然后利用集群的网络化优势，进行知识的创新和利用，以较低的成本获得差异化的竞争优势，实现嵌入全球价值链更高环节的成长，从而推动产业集群的升级。

1.1.1 选题背景

改革开放40年来，产业集群在我国得到了迅速发展，集群已经成为各地区域经济发展不可忽视的力量，对提升我国产业竞争力也起到重要作用。然而，基于全球价值链（Global Value Chains，CVC）理论的分析，我国产业集群普遍处于全球价值链的底端，从事附加值最低部分的分工，利润微薄且竞争日趋激烈。如何通过产业升级、技术或功能升级，实现中国产业集群的持续发展，已成为中国经济持续发展必须解决的一个重要问题。项枫（2012）①

① 项枫. 基于核心企业网络构建的产业集群升级研究［J］. 浙江学刊，2012(5): 174-179.

提出，嵌入全球价值链中的产业集群升级有四种模式：工艺流程升级、产品升级、功能升级和价值链条升级。在世界经济一体化的今天，我国产业集群要摆脱当前困境，单纯依赖工业创新、产品创新已经难以为继，必须主动实施技术创新、功能创新，向设计、营销等高附加值的价值环节延伸。

现有研究认为，产业集群这种网络结构形式具有创新效应：一是集群能为企业提供良好的创新氛围。作为一种极具活力的产业组织形式，产业集群具有创新所需的组织架构、产业文化基础、知识积累和转移的内在机制。二是可以降低创新的成本。由于集群企业地理位置的临近和集群的"学习曲线"等效应，集群内的企业能获得更多的学习机会，在集群内企业之间合作的交易成本比集群外的要低。此外，集群建立在相互信任基础上的竞合机制，也可以推动集群企业间的合作创新，从而降低创新的成本。三是有利于支持企业创新的网络形成。产业集群内的企业、大学、科研机构、地方政府，以及中介机构等组织形成了创新网络的节点，这些节点之间的互动使各个节点连接成网。各种信息、技术、人才等资源在网络内部不断流动和优化配置，从而推动了集群企业的创新（陈柳钦，2008）。

遗憾的是，学界对产业集群实践的考察发现，并非任何产业集群都能发挥集群这一网络组织的潜在创新效应。产业集群要发挥创新效应，必须具备以下前提条件：

第一，需要解决创新所需的知识来源问题。创新需要的知识是一种在产业界领先的新技术、新想法。以前的研究往往侧重于探讨知识网络对知识共享等学习行为的影响，但忽视了知识的属性问题。试想，如果在知识网络中共享、扩散的是落后的知识，集群的升级将是无水之源、无本之木。我国大部分产业集群都是基于地方性文化和技术的传统型产业集群，当集群发展到成熟阶段，集群成员之间的紧密、冗余关系已经难以产生创新性的知识。因此，要获得创新成长所需的知识来源，必须解决创新所需的知识来源问题，为此，需要做到以下三点：①集群的知识网络具有开放性，与全球产业网络建立密切的联系。②需要吸引或集聚一批创新的人才。③集群的核心企业需要具有创新的动力和能力。这需要集群建立一种互惠共生的网络治理规范，推动集群企业间形成协作创新的机制。

第二，解决创新知识的转移和利用问题。在获得创新性的知识后，集群企业可以利用集群知识网络的创新优势，进行创新知识的传播或转移，与集群成员进行协作创新。创新知识的传播或转移不仅要有效率，减少转移中的阻力，而且要减少不必要的溢出，防止知识溢出和模仿对创新精神的打击。

当前，受当地集群创新文化氛围不足、创新性知识源泉缺乏、关系治理规范缺乏等因素的制约，我国产业集群面临着升级的困境，而产业升级归根结底是由集群企业来完成的。由此，本书认为，在集群升级阶段，我国集群企业必须嵌入全球产业网络，接近网络的中心位置，获得创新性的知识，并在集群内共享、转移和利用这些创新性知识。通过建立完善的集群关系治理机制，推动集群知识网络成员的合作创新，发挥集群的网络化效应，在低成本基础上实现差异化，推动集群整体的升级，最终实现集群企业的新一轮成长。

基于以上研究背景，本书首先拟揭示在我国产业集群的升级阶段，集群企业成长面临的关键问题——创新性知识的来源及其管理。其次，基于集群学习的分析框架，将创新性知识的来源及其管理归结为三个方面，即通过集群的跨网络学习从集群外获得创新性知识，在集群内进行集体学习实现创新性知识的转移和利用。最后，本书阐明了创新性知识的空间布局，即集群知识网络的结构、内容，并揭示了集群知识网络的结构、内容对集群企业成长的影响机理，收集数据进行了实证检验。

1.1.2　研究意义

在我国制造业升级和产业结构调整的背景下，运用集群知识网络理论、社会网络理论、组织学习理论、企业成长理论来研究集群升级阶段的集群企业成长问题，推动我国传统集群升级为创新集群，具有较为重要的理论意义和现实价值。

1.1.2.1　理论意义

（1）以前对集群升级的研究多从产业层面展开，对集群升级阶段的企业成长问题关注不多。本书把握集群升级阶段所需的知识特点，运用企业成长理论和组织学习理论，研究集群升级阶段的集群企业成长问题，阐明集群企业成长的机理与路径。因此，本书的研究将有助于推动学术界从产业层面深入企业层面来研究集群升级，对于集群升级的理论发展具有较为重要的意义。

（2）本书运用组织学习理论，从创新性知识的获取、知识转移和知识利用三个阶段阐明了集群学习的机制，揭示了集群知识网络、集群学习与集群企业成长的关系，有助于学界系统把握集群学习的机制，推动组织学习理论在集群领域的研究。

（3）本书突破以往仅从网络结构层面来研究集群知识网络的不足，综合网络成员的属性、网络结构与网络治理规则等来研究集群知识网络的效应。一方面，剖析了集群网络成员间的知识差距、集群关系治理等对集群企业成长的作用；另一方面，揭示了网络结构对等性对集群企业成长的影响。这将有助于集群知识网络理论的完善与发展。

1.1.2.2 实践意义

（1）集群企业是联系地方产业集群与全球生产网络的重要纽带，是产业集群升级和演进的微观动力。我国大部分集群中的企业处于全球价值链的低端，缺乏拥有自主知识产权的核心技术，加上技术水平低，开发能力弱，多数企业创新产出能力不强，自主创新产出少，质量不高，导致不少产业集群陷入“技术能力低—无创新或创新成果差—产品竞争力弱”的恶性循环。在国际贸易保护主义抬头、劳动力成本上升、区域竞争加剧、外资转移、边缘化迹象显露等背景下，我国产业集群迫切需要进行升级，不升级就没有出路。研究在集群升级阶段，集群知识网络对于集群企业成长的作用，分析集群企业成长受到制约的关键影响因素，并提出集群企业成长的对策建议，对推动我国产业集群的升级换代，提高我国集群企业在全球价值链中的地位有重要意义。

（2）集群企业如何融入全球价值链，从而实现持续成长，这不仅对于区域经济的平稳发展有重要的意义，而且能促进我国产业结构调整，实现我国经济以较高的速度持续发展。

当前，“长三角”“珠三角”等依靠集群经济带动经济发展的区域面临着区域经济发展乏力、转型升级困难的困境。这一困境在国家层面同样有所反映。改革开放以来，我国经济经过了 40 年的快速发展，当前正处于产业结构调整、经济发展质量提升的关键阶段。在这一宏观经济发展背景下，本书探讨中国集群企业如何融入全球价值链，通过建构和优化集群知识网络，开展网络学习，实现集群企业的持续成长，这对于区域经济的健康稳定发展有重要的意义。

1.2 关键概念界定

本书从知识网络的视角研究集群升级阶段集群企业成长的机理，因此首先必须明确几个关键的概念。

1.2.1 产业集群和集群企业

最早对产业集群进行研究的是亚当·斯密（Adam Smith），他在 1776 年出版的《国民财富的性质和原因的研究》一书中对分工与市场范围关系的论述被看作是对集群形成原因的最早解释。亚当·斯密提出，产业集群是由一群分工密切的中小企业为了生产某种产品而联合形成的群体。韦伯（Weber）则从地理区位的角度来界定产业集群。他认为，产业集群是企业的一种空间组织形式，是在某一地域范围内相互联系的集聚体。迈克尔·波特（Porter）提出，产业集群是在某一特定产业中，大量产业联系密切的企业、相关支撑机构（包括上游的供应商、下游客商、互补产品的生产商、提供专业培训与技术支持的机构、政府、大学等）在空间上集聚，并形成持续竞争优势的现象。经合组织（OECD）认为，产业集群是由很多彼此依赖的企业、知识生产和服务机构（包括大学、研究院所及技术职称机构）、中介机构，以及客户构成的生产网络。

国内学者在对产业集群的研究中，也从不同角度提出了其对产业集群的界定。王缉慈认为，产业集群是一组在地理上靠近的相互联系的公司和关联的机构。魏守华、赵雅沁认为，产业集群是在某一特定领域中（通常以一个主导产业为核心），大量产业联系密切的企业，以及相关支撑机构在空间上的集聚。盛世豪、郑燕伟认为，产业集群是一种空间产业组织或区域性柔性生产体系，网络结构为基础的以其主体是中小企业，特色产业是支柱，网络结构是基础。

通过梳理学者们对产业集群的界定，本书认为，产业集群是指大量产业联系密切的企业，以及相关支撑机构在某一地域内集聚，专业分工明确而形成紧密的竞合关系，并植根于当地社会文化环境的一种空间集聚体。产业集群不仅指一群企业在特定区域的集聚，而且是企业与企业之间，以及企业与支撑机构之间形成的一种经济社会关系。

集群企业是构成产业集群的重要主体。在集群的形成与发展过程中，不同的集群企业将逐渐在产品、技术，以及企业规模等方面产生分化，部分企业由于技术创新投入大、产品质量优良，以及战略决策科学等原因最终发展成区域产业网络中的核心企业，而另一些企业则由于技术创新能力弱、产品层次较低等各方面原因只能作为产业网络中的卫星企业存在（王缉慈，2001）[①]。

1.2.2 集群知识网络

“网络”本是图论中的一个概念。在图论中，网络是由一系列点和线组成的集合，是众多图形的一种。后来，经济社会学者从图论中引入“网络”一词，提出“网络”是个人或群体间一套固定的联系或类似的社会组合。按照不同的划分标准，我们可以将网络划分为多种类型。比如，根据网络节点在产业链中的位置，将网络分为水平网络和垂直网络。水平网络是指生产同类产品（或提供同类服务）的企业形成的网络。而垂直网络是由同处某一产业链上下游的供应商、制造企业，以及分包商、客户等组成的网络。Christian（2006）则从网络功能的角度，将企业间的网络划分为合作竞争网络、市场信息网络、技术信息网络、社会关系网络，以及声誉网络五大类。

集群企业嵌入于多个网络之中，知识网络就是其中之一。集群中不同的组织单元、各类知识，以及知识在不同组织单元中的流动关系和维持这些关系所镶嵌于其中的规则、制度等构成了集群知识网络（Seufert et al., 1999）[②]。产业集群的地理临近性、社会临近性强化了集群内部主体间更频繁的互动和更强的信任关系，导致了集群知识网络不同于其他类型的知识网络。嵌入集群知识网络的集群企业可以从中吸收知识，从而形成了独特的本地化优势，

① 王缉慈．创新的空间——企业集群与区域发展［M］．北京：北京大学出版社，2001.

② A. Seufert, G. von Krogh, B. Andrea. Towards Knowledge Networking [J]. Journal of Knowledge Management, 1999, 3(3):180-190.

主要表现在以下几个方面：第一，只有当集群企业间存在持续的知识传递时，集群企业间才会形成知识网络关系。第二，从网络的空间范围上看，由于知识的可传播性，产业集群知识网络是本地知识网络与全球知识网络的嵌套①。

1.2.3　企业成长与集群企业成长

以 Penrose（1959）为代表的资源基础观认为，企业是一系列生产性资源组成的集合体，企业成长就是企业拥有更多的生产性资源和更高的资源利用能力。科斯从交易费用的角度将企业定义为市场机制的替代者，认为企业成长就是交易范围的扩大和交易功能的增强等。而以贝恩为代表的产业组织理论学者则认为，企业是一个战略行为者，企业成长就是企业市场份额的增加，以及市场主动性的增强。

对集群企业成长的研究有两种思路：一是同质假设条件下的集群企业成长研究；二是异质假设条件下的集群企业成长研究。在基于同质性假设条件对集群企业网络化成长的研究中，学者们假设存在一个典型的集群企业，其依托产业集群所赋予的无差异网络获得相同的“集群共享性资源”，实现企业成长（Boschma & Frenken，2006）。显然，基于同质性假设对集群企业网络化成长的研究不仅将资源、能力各异的集群企业视为同一企业，而且将集群企业网络直接等同于产业集群网络，认为集群企业网络具有外生性和无差异性。

在现实世界中，不同的集群企业受资源能力的差异、决策者的偏好等因素影响，往往会采用不同的网络化成长模式。因此，集群企业成长所依赖的网络模式是内生于企业决策的一种自我选择的结果，这就要求学者们进一步解释为什么不同的集群企业会选择不同的网络化成长模式。据此，一些学者开始基于匹配视角内生性地分析集群企业网络构建行为，提出了基于异质性假设的集群企业网络化成长的研究思路（吴波，2007）。从演化经济学的视角来分析，由于路径依赖等因素的影响，集群企业在其成长过程中会选择不同的细分市场，表现出异质能力。因此，企业内部的异质能力和外部环境的差

① Khalid Nadvi，Gerhard Halder. Local Cluster in Global Value Chain: Exploring Dynamic Linkages between Germany and Pakistan [A]. IDS Working Paper. Briighton: Institute of Development Studies，2002.

异化使集群企业选择不同的网络化成长模式，从而使集群企业表现出多元化的网络化成长模式。

因此，对集群成长的研究应该基于异质性假设，但是又不能忽视企业成长所处的集群环境。这意味着：第一，缺乏集群整体成长的环境，单个集群企业的成长很难持续。第二，单个集群企业的成长如果不是建立在集群整体成长的基础上，没有充分发挥集群的网络化优势，其成长必定是低效的。因此，本书对集群企业成长的界定是基于集群整体成长基础上的成长，是一种持续、高效的成长。

1.3 研究目的与研究思路

本书的研究目的在于，揭示在产业集群的升级阶段，我国集群企业的成长机理。基于这一研究目的，提出了本书的三个研究问题：一是在我国产业集群升级阶段，影响集群企业成长的关键因素是什么？二是这些关键因素有什么特点，具体内容如何？三是这些关键因素影响集群企业成长的机理如何？

为了实现以上研究目的，解决研究问题，本书按照以下思路展开：首先，系统分析我国产业集群的发展现状，揭示我国产业集群在升级阶段集群企业成长所面临的关键问题——创新性知识的来源及其管理。其次，基于集群学习的分析框架，将创新性知识的来源及其管理归结为三个方面，即通过集群的跨网络学习从集群外获得创新性知识，在集群内进行集体学习实现创新性知识的转移和利用。再次，阐明创新性知识的空间布局，即集群知识网络的结构、内容，并揭示集群知识网络的结构、内容对集群企业成长的影响机理。由此，建立集群知识网络、集群学习和集群企业成长的关系模型，并从集群学习的三个方面：知识获取、知识转移和知识利用提出集群知识网络影响集群企业成长的假设，再收集数据进行实证检验。最后，从集群企业、地方政府、中介机构等角度提出优化集群知识网络，推动集群升级，实现集群企业新一轮成长的对策建议。

1.4　研究方法与技术路线

1.4.1　研究方法

本书主要采用文献研究、经验研究和社会网络分析方法，研究方法的具体使用情况如下。

（1）文献研究。首先，本书对产业集群升级、知识网络、集群学习、集群企业成长等领域的相关文献进行了较为系统的研究。其次，通过批判性继承前人研究的理论、逻辑与方法，提出了本书的研究思路，并对集群的知识网络理论与集群学习理论进行了发展，从集群学习视角构建了集群知识网络影响集群企业成长的分析框架。

（2）经验研究。本书采用的经验研究方法包括深度访谈和问卷调查，具体的实施过程如表 1-1 所示。

表 1-1　经验研究方法及过程

研究方法	访谈	调查研究	
		小样本测试	大样本调查
时间	2012.7~2012.10	2012.11~2012.12	2013.1~2013.5
操作目的	对现有量表根据具体情境进行修改；根据访谈和调研情况，对问题进行增删	修正量表问题，提高量表的信度和效度	收集用于本研究实证部分所需要的数据
分析方法	描述性统计	信度分析、探索性因子分析	验证性因子分析，回归分析，结构方程模型

访谈研究主要采用非结构化的开放式问题探讨，主要面向相关领域的学者、集群企业的高管，通过直接交流的方式，向他们进行口头提问，当场记录回答。在文献研究的基础上，根据访谈内容，对现有量表进行适当修改，对本研究新开发的量表形成一定的认知。

调查研究分为小样本预调查和大样本调查，调查主要采用问卷和专门走访两种方式，样本的选择采用简单随机抽样的原则。针对小样本的回收数据，使用统计软件 SPSS15.0 进行信度和效度分析。在修正问卷后，进行大规模的问卷调查，主要使用统计软件 SPSS 15.0 进行了描述性统计分析、探索性因子分析，并对集群知识网络、集群学习和集群企业成长关系模型中的调节作用进行了假设检验。论文使用结构方程模型工具 Amos 17.0 对全球产业网络位置、知识差距、认知冲突和合作善意等量表进行了验证性因子分析，并对集群知识网络、集群学习和集群企业成长关系模型中的直接作用、中介作用进行了结构方程模型分析。

（3）社会网络分析方法。不同于传统的分析方法关注行为者属性对其行为的影响，社会网络分析将行为者之间的关系作为分析单位，关注行为者之间的二元关系，以及由此扩展而来的网络整体结构及其对行为者的影响。在社会网络分析中，往往从关系嵌入和结构嵌入两个维度来表示社会网络的结构。衡量关系嵌入的指标主要有关系强度等，而衡量结构嵌入的指标主要有网络密度、网络中心度、结构洞等。本书关注集群知识网络的网络密度、结构对等性等指标对集群学习的影响。采用提名生成法获得社会网络数据，运用 Ucinet 6.0 软件进行实证分析，将获得的社会网络数据照 n×n 阶矩阵输入 Ucinet 6.0，计算出集群知识网络的网络密度、结构对等性等指标，综合结构方程模型和层次回归分析等方面检验相关理论假设。

1.4.2 技术路线

通过对我国产业集群面临的成长困境思考，在批判性继承集群知识网络理论、企业成长理论、组织学习理论等相关理论的基础上，本书总结了解决我国集群技术升级的三个关键问题。由此出发，探讨了我国集群企业成长的机理、路径，构建集群知识网络、集群学习与集群企业成长的关系模型，并进行了变量的操作化。然后，提出本书的理论假设，并运用 Ucinet 6.0、Amos17.0、SPSS15.0 等软件，以及因子分析、结构方程模型、回归分析等统计方法，对理论模型进行实证检验。具体技术路线如图 1-1 所示。

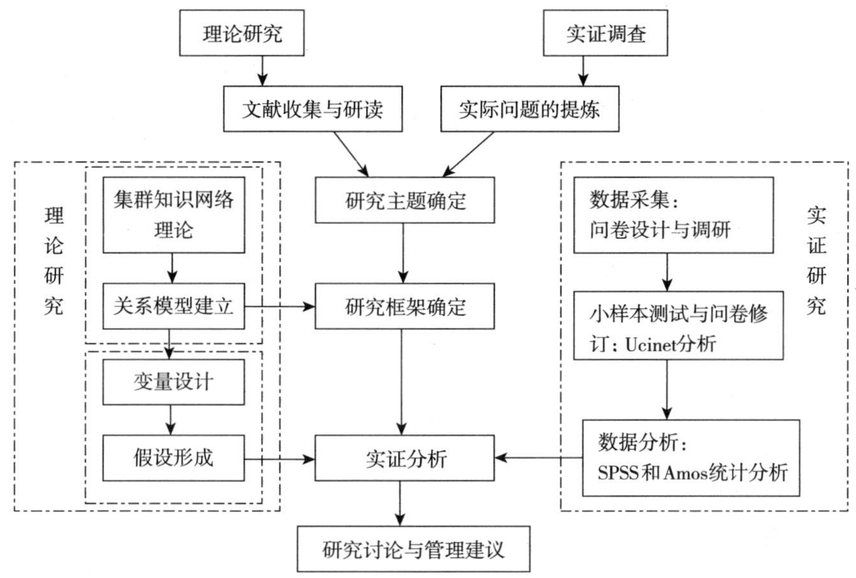

图 1-1 研究的技术路线

1.5 研究内容与全书结构安排

本书共分为 8 章。

第 1 章是绪论。本章首先提出了本书的选题背景与研究意义，界定了研究中的几个基本概念，其次说明了研究目的和研究思路，再次介绍了采用的研究方法及技术路线，最后介绍了研究内容及全书的结构安排。

第 2 章是文献综述。本章对集群升级理论、集群知识网络理论、集群学习等相关理论的发展逻辑与演进过程进行综述，指出现有研究的不足之处，引出本书的研究切入点和突破点。

第 3 章是集群升级阶段的集群企业成长机理。本章先分析了集群升级背景下集群企业成长所需的知识资源特点、类型，然后阐明了集群知识的空间布局、动态管理问题，紧接着分析了集群知识网络的构成要素，以及集群学习的内容与过程，最后综合知识资源、集群学习等理论，阐明集群企业的成长机理。

第 4 章是集群知识网络相关关系模型构建及假设。本章首先综合集群知识网络整体结构、网络成员的结构对等性、网络成员的知识差距等视角构建集群知识网络对集群企业成长的影响概念模型，然后分别建立集群知识网络是如何影响集群企业知识获取、知识转移和知识利用的概念模型，并提出相关的理论假设。

第 5 章是研究方法。本章从研究设计、问卷收集，以及变量度量等几个方面对采用的研究方法做了详细阐述，并利用小样本测试的方法修订了初始量表。

第 6 章是数据分析。本章运用 SPSS 15.0 对大样本调查数据进行了描述性统计，对正式问卷的总量表和分量表分别进行了信度分析和效度分析，并运用 Amos 16.0 对样本数据进行了验证性因子分析，验证了各个潜变量的构成维度的有效性。

第 7 章是假设检验。本章运用 Amos17.0 对集群知识网络、集群学习和集群企业成长关系模型的直接作用、中介作用进行检验，运用 SPSS15.0 对关系模型中的调节作用进行检验。

第 8 章是研究总结与启示。在实证检验的基础上，对实证结果进行了讨论，提出了研究的主要结论。对各变量间存在的关系进行理论解释，并分析了检验中未得到证实假设的可能原因。最后，根据本书结论，从地方政府、集群企业、中介机构等多个方面提出具体的对策建议，包括完善知识获取机制，丰富创新性知识的来源；优化集群知识网络，推动集群学习；提高集群知识网络成员的利益共同体意识，减少集群学习中的冲突。

1.6 研究创新与未来研究方向

1.6.1 研究创新

本书研究的创新之处主要表现在以下四个方面：

（1）不同于以往研究从整个生命周期阶段来探讨集群企业的成长，或者从产业层面来研究集群的升级，本书创新性地将集群升级与集群企业成长结合起来，试图揭示集群升级阶段的企业成长机理。本书认为，创新性知识的获取、转移与利用是在集群升级阶段集群企业实现成长的关键所在。此外，在集群升级阶段，集群企业的成长是集群中大多数企业的整体性成长，而非单个集群企业的成长。因此，集群知识网络关系的治理是集群升级阶段集群企业能否持续成长的重要影响因素。

（2）不同于以往研究从资源理论来分析集群企业的成长，本书综合组织学习理论、集群知识网络理论来研究集群企业的成长机理，剖析了集群升级背景下集群企业成长所需的知识资源特点、类型，阐明了集群知识的空间布局形态，即集群知识网络的结构，揭示了集群学习的内容与过程，并综合知识资源、集群学习阐述集群企业的成长机理。

（3）不同于以前仅基于结构主义的知识网络研究，本书综合网络成员的属性、网络结构与网络治理规则等来研究集群知识网络的效应。本书一方面，剖析了集群网络成员间的知识差距、集群关系治理等对集群企业成长的作用；另一方面，揭示了结构对等性对集群企业成长的影响。目前社会网络结构对等性的研究主要集中在社会学里的各种关系的研究上，还很少有学者研究产业集群内的各种关系。

（4）不同于以往对集群知识网络与集群成长的静态研究，本书从知识流动的三个阶段动态考察集群知识网络对集群成长的影响。本书提出，从知识流动的角度来看，集群学习是一个循环往复、不断深化的过程，知识获取、知识转移和知识利用三个阶段也在不断循环递进。这种螺旋式推进集群学习最终推动了集群企业的技术升级，以及集群企业的成长。由此，本书提出了基于集群学习的集群企业成长机理模型。

1.6.2 未来研究方向

尽管本书取得了一些较有意义的成果，但是限于研究者水平、精力和资源有限，研究还存在一些不足之处。例如，采用自评量表研究方法带来的误差可能影响实证结果；仅从跨网络学习的视角分析了集群创新性知识的获取，没有研究集群本地知识网络内部由于知识创新带来的知识获取；对于集群企业的知识获取、知识转移和知识利用与集群企业成长的关系，只是进行了简单的理论演绎和实证，没有具体探讨它们的详细作用机理。如此种种研究不足，是未来主要的研究方向。

第2章 文献综述

本书的主要研究目的是在集群升级的背景下，探讨集群知识网络、集群学习与集群企业成长的关系机理。因此，文献综述部分将对相关的集群升级理论、集群知识网络理论、集群学习等相关理论的发展逻辑与演进过程进行综述，指出现有研究的不足之处，引出本书研究的切入点和突破点。

2.1 集群升级理论综述

2.1.1 产业集群的负面效应

新经济地理学者的研究发现，由于产业集群具有“自我增强”（Self-enforce）和“累积因果”（Cumulative Causation）效应，嵌入于集群的企业容易产生“路径依赖”（Path Dependency）和区位空间“锁定”（Lock-in）。这正如Burt（1992）提出的，对于嵌入于集群中的企业来说，集群网络是一把“双刃剑”，在带来资源整合效应的同时，也会不可避免地带来一些负面效应，如企业可能会被锁定在非生产性的关系中，或者集群企业不愿积极地在群外寻求有效的合作伙伴。Uzzi（1997）在研究纽约地区的服装业时，发现了社会网络给集群可能带来的各种“锁定”效应，如企业之间的强关系团队往往会内陷于现有的网络，过分依赖已建立的沟通渠道而不去开发新渠道。因此，集群企业的发展应该构建更加多样和开放的网络。

在对产业集群锁定效应的研究中，Markusen（1996）① 提出，产业集群发展越成功的，越容易演变成一个封闭的系统，进而使集群衰败的风险不断积聚。Brenner（2001）将产业集群视为一个自组织系统。他认为，随着产业集群的自组织演化，网络资源也会发生演化，原来的优势资源在后来可能会变为劣势资源，从而使集群企业将自身的成长过分依赖于集群整体的成长，自己却不积极创新。最终，集群企业的自我保护和自我增强将带来集群的封闭与僵化，成为阻碍区域技术进步和经济发展的风险源头（Bergman，2002）。

在对中国产业集群锁定效应的研究中，蔡宁（2006）也发现了这种“嵌入性悖论”现象。集群网络关系的密集性是一把“双刃剑”，一方面能带来资源的整合效应，另一方面也可能把企业锁定在非生产性的关系网络中，阻碍了企业在群外寻找更为有效的合作伙伴。蔡宁（2006）② 提出，网络的锁定效应在很大程度上是由集群网络的小世界属性所致。陈蓓蕾（2007）③ 从信息流动和路径依赖的角度解释了集群的锁定效应。她指出，集群内会渐渐形成一个相对稳定和封闭的信息交流圈。这种信息交流渠道会使集群企业形成路径依赖，从而排斥其他的信息获取渠道。

总的来看，无论是拥挤效应带来的过度竞争、市场失灵，还是集群租金的耗散带来的负面效应，都与集群网络的封闭和僵化等有密切的联系。而集群网络的封闭正是导致我国产业集群技术落后、企业竞争低效的关键因素。

2.1.2　产业集群升级的路径

学术界对产业集群升级路径的研究大致可分为以下三种路径：一是内部视角。学者们（盖文启，2002；刘珂，2007）认为，集群的升级要充分发挥集群网络的作用，集群内的企业积极努力，不断加强企业之间，企业与高校、科研机构、中介机构等组织之间的经济网络关系及人际网络关系。还有

① Markusen A. Sticky Places in Slippery Space: A Typology of Industrial Districts [J]. Economic Geography, 1996, 72: 293-313.

② 蔡宁．产业集群组织间关系密集性的社会网络分析［J］．浙江大学学报（人文社会科学版），2006(7): 58-65.

③ 陈蓓蕾．产业集群社会资本锁定的成因与对策研究——基于全球生产网络视角［J］．技术经济，2007, 26(9): 9-12.

许多学者（马建会，2007；张杰，刘东，2006）提出，集群的升级需要集群企业进行技术创新、构建创新网络、增强社会资本、加强集群企业之间信任与合作等。但是，产业集群的升级离不开全球价值链的背景和前提。

二是外部视角。学者们认为，集群嵌入在全球价值链中。集群的升级实际上就是集群企业从全球价值链低端向价值链高端移动，从而在全球价值链上获得更多的价值增值。周晓艳、黄永明（2007）通过研究台湾地区的 PC 计算机产业集群后发现，本土 PC 产业集群的升级需要吸收全球生产体系中各种链接所扩散的知识，集群的升级是国际链接和本土链接的共同演化。

三是内外互动视角。学者们认为，集群的升级需要全球化和集群内部各主体的结合与互动。王缉慈、谭文柱、陈倩倩（2006）及苗长虹（2006）指出，在集群的升级中，一方面需要加强本地企业与群外跨国公司的外部联系，另一方面本地企业之间、本地企业与当地政府及机构之间要积极互动。文嫮、曾刚（2004）在比较意大利与西班牙陶瓷产业嵌入全球价值链实现集群升级的路径时提出，我国产业集群升级要重视地方产业网络与全球产业网络的互动，而且要不断调整嵌入全球价值链的方式。2005 年，他们对浦东信息产业集群的实证研究后提出，FDI 驱动的卫星型集群在升级中，既要注重集群外部影响因素，又要挖掘集群内部影响因素。包卿、陈雄（2007）指出，全球—地方交互治理下的地方产业集群的产业升级一般会经历四个动态过程。首先是推拉阶段。这一阶段通过对全球价值链的治理来拉动集群的发展。其次是推阻阶段。这一阶段的关键是突破集群功能和链条升级方面的障碍。再次是突破阶段。这一阶段主要是培育和重构集群结构促进集群功能性升级。最后是成熟阶段。这一阶段主要是实现集群功能和价值链的升级，集群整体进入价值链的高端环节，成为高端的地方产业集群。

2.1.3 对集群升级研究的述评

虽然学术界对集群升级的研究取得了较为丰硕的成果，但仍存在以下不足之处：一是忽视了集群升级的本质。我们认为，集群升级的本质是技术创新能力的提升，是创新性知识的获取、扩散和运用。二是现有研究多关注集群或集群内的核心企业，在探讨集群核心企业对集群升级的作用时，将集群的非核心企业、集群管理部门、集群成长的其他环境视为既定的，忽视了集群企业间的互动对集群升级的影响。三是仅强调嵌入全球价值链并不够，这只是知识获取的一个必要前提，还有其他必要条件，如吸收能力及在全球价值链中的位置等。

2.2 集群知识网络理论综述

对知识网络的研究始于 20 世纪 90 年代中期。Beckmann（1995）最早对知识网络进行了界定。他认为，知识网络是一种科学知识的生产和传播的机构。后来知识网络在空间意义上得到拓展，目前在理论上知识网络被划分为三个层次：一是组织内的业务单元层次。如 Hansen（1999）① 运用“知识网络”解释企业内不同业务单元之间的知识获取差异，发现知识获取受到业务单元间知识网络关系的影响。二是组织间层次。Baum（2001）②，Smith 等（1999）③ 研究了组织间知识网络对组织绩效的作用。Bouty（2000）④ 发现，研究人员通过强弱连带在组织间分享知识。三是国家知识网络层面。OECD（1998）⑤ 认为，国家层面的知识网络就是在经济社会活动中，企业、学术界、政府和市场中的其他主体形成的知识传递和创新利益分配的网络联结。

2.2.1 集群知识网络的构成

集群知识网络的形成是由于集群成员之间有共享知识和交易知识的需求。集群知识网络的形成在很大程度上方便了知识在集群成员之间的共享和

① Hansen M. T. The Search-transfer Problem: The Role of Weak Ties in Sharing Knowledge across Organization Subunits [J]. Administrative Science Quarterly, 1999, 44(1): 82-111.

② Joel A. Baum, Paul Ingram. Interorganizational Learning and Network Organization: Toward a Behavioral Theory of the Interfirm [R], Working Papers, 2001.

③ L. Smith-Doerr, J. Owen-Smith, K.W. Kogut & W. W. Powell. Networks and Knowledge Production: Collaboration and Patenting in Biotechnology. In: R. T. A. J. Leenders & S. M. Gabbay (Eds.). Corporate Social Capital and Liability [M].Norwell, MA: Kluwer Academic Publishers,1999.

④ I. Bouty. Interpersonal and Interaction Influences on Informational Resource Exchange between R&D Researchers across Organizational Boundaries [J]. Academy of Management Journal, 2000, 43(1): 50-65.

⑤ OECD. Knowledge-based Economy [M]. Economy Dairly Press. 1998.

转移，降低了知识交易的成本。

实际上，每个集群企业在生产经营的过程中，都需要与外界组织建立联系，获取知识、加工知识，并将知识与其他组织进行共享、转移。多个集群企业的自发式知识管理活动就构建了集知识创新、知识整合和知识共享等功能的网络结构体系。Mikael（2005）①认为，产业集群知识存在于集群企业所从事的生产经营活动过程中，并在整个集群中以网络化的方式分布，表现为一个集群知识网络。

Seufert 等（1999）②认为，集群知识网络不仅包括了集群中不同的组织单元、集群中存在的各类知识，以及知识在不同组织单元中的流动关系，而且包括维持这些关系所镶嵌于其中的规则、制度等。这一观点与网络理论将网络分为网络结构、网络内容和网络治理等维度的观点不谋而合。

曾德明、覃荔荔、王业静（2009）③认为，集群知识网络是一个立体结构，集群知识网络具有根植性、专业性和密集性。集群知识网络由内外两个网络构成。构成内部知识网络的企业可分为 n+m 个层次。其中，第一层是集群知识网络中的主导企业。主导企业的知识势能较高，因此成为集群知识网络中的知识源。第二层到第 n 层的企业是知识势能较低的跟随企业，而第 n+m 层次的企业是各种配套辅助企业。集群外部知识网络的成员包括集群外部处于各层次的高校、科研机构、政府、中介机构、劳动力市场等，他们参与集群知识网络知识共享、创新和交易，他们也是集群知识网络的知识源。

2.2.2 集群知识网络中的知识流动

在研究集群知识网络中的知识转移方面，曾德明、覃荔荔、王业静（2009）④提出，粘滞知识（也就是默会知识、隐性知识）在产业集群知识网

---

① S. Mikael. Creating Knowledge Networks: Lessons from Practice [J]. Journal of Knowledge Management, 2005,9(6): 17-29.

② A. Seufert, G. von Krogh, B. Andrea. Towards Knowledge Networking [J]. Journal of Knowledge Management, 1999,3(3): 180-190.

③④ 曾德明，覃荔荔，王业静．产业集群知识网络中粘滞知识的转移机理研究［J］．财经理论与实践，2009(3): 97-101.

络中的转移在很大程度上会影响知识流动的效果，对提升集群技术创新能力和优化集群结构起了决定性的作用。知识网络为集群成员之间的知识转移提供了一种多元化的渠道，集群成员之间可以通过信息交换、生产交换、人际交往等活动，实现知识在网络节点间的流动。一般来说，知识会由知识技术高势能的组织向低势能的组织转移。

在集群知识网络中，高校和科研机构往往处于知识转移高势能的位置，因此它们通常是知识的主要生产单元。高校、科研机构承担引进并消化技术、研发等创新的任务，以培训人才、提供科研成果等形式来实现知识的输出。

供应商与集群内部知识网络技术关联比较紧密，属于知识网络中的强连接。政府的政策会影响集群内外部知识网络的知识流动速率。中介机构可促进各组织机构间的知识共享。

2.2.3　集群知识网络的效应及其影响因素

知识网络理论认为，网络内企业同处于网络内的其他企业与机构之间的知识、信息等要素的转移，对企业实现创新和升级具有重要的推动作用。

Coates 提出，集群知识网络是区域创新系统的重要组成部分。集群知识网络内的各个节点之间存在多元、交互、非线性的、强耦合的互动关系。Cowan 等（2007）[①] 研究了知识可分解性及其嵌入性等知识特性对网络结构的影响。他们指出，可分解性较高的知识网络密度较大，较高嵌入性的知识网络中存在较多的小团体，当两者在一定范围内取值时，网络表现出小世界的特征。

王晓娟（2008）[②] 的研究表明，集群知识网络的网络中心度、开放度、关系质量和关系稳定性对集群企业的创新绩效有正向影响，而知识网络的关系强度与规模对集群的中小企业创新绩效产生正向影响，但对大企业的创新绩

① R. Cowan et al.. Bilateral Collaboration and the Emergence of Innovation Networks [J]. Management Science, 2007, 53(7): 1051-1067.

② 王晓娟．知识网络与集群企业创新绩效——浙江黄岩模具产业集群的实证研究［J］．科学学研究，2008(8): 874-882.

效没有显著的影响。郝云宏、李文博（2007）提出，知识网络对于集群竞争力的影响主要表现在以下两个方面：一是集群企业可以积极嵌入知识网络，进行组织学习，利用知识共享和溢出效应，实现与集群知识网络的协同演化。二是集群内企业与区域外的优势企业（尤其是国外先进企业）建立密切的联系，实现国外最新技术的快速传输、吸收、利用与整合，尽快缩短与国际先进企业的技术差距。

2.2.4 集群知识网络的演化

21 世纪以来，很多学者们开始运用复杂网络理论、演化博弈、仿真技术等理论研究知识网络结构演化特征、机理。

傅荣等（2006）[①] 利用 Blanch 软件仿真分析了在不同参与偏好的集群主体下，知识网络的演化过程。研究结果发现，与知识导向型网络中的个体相比，任务导向型中的个体会更快地确认网络中的优势参与者，但无论集群主体的参与偏好如何，网络演化过程中以优势参与者为核心的趋势将得到不断强化。黄训江（2011）[②] 以知识获取最大化为准则构建了集群知识网络的演化过程模型，再利用仿真技术对集群知识网络结构的演化特征进行研究并分析了其影响因素。他研究发现，随着集群的成长，集群组织间的知识流动关系日趋紧密，网络中块状结构出现概率不断增大，组织间的合作程度也会不断深化。然而，当组织间的合作达到一定程度之后，组织间的协作程度将出现下降，并开始注重协作质量的提升。另外，集群规模、知识相异性、知识更新速度、知识内生增长速度、学习成本等要素对集群网络结构演化的影响各不相同。地方政府、集群的核心企业都应该采取积极措施来提高集群知识的流动效率，同时加强集群成员之间的协作。

在对智利酒业集群的知识网络演化的研究中，Giuliani（2008）[③] 提出，诸

---

① 傅荣，裘丽，张喜征，胡湘云. 产业集群参与者交互偏好与知识网络演化：模型与仿真［J］. 中国管理科学，2006, 14(4): 128-133.

② 黄训江. 集群知识网络结构演化特征［J］. 系统工程，2011(12): 77-83.

③ Bell Giuliani. Industrial Clusters and the Evolution of their Knowledge Networks:Revisiting a Chilean Case [N]. SPRU Electronic Working Paper Series, 2008(171).

如同质性、互惠性和传递性等社会联系的微观机制会对集群企业间新知识形成的联系有显著影响。从中观层面来看，智利酒业集群的知识网络很稳定，并且集群内的知识联系的核心—外围结构还得到强化。但是从微观层面看，集群中的企业却非常不稳定。有些知识基础较弱的企业退出集群，但也有知识基础较强的新企业进入集群。因此，这些微观机制对高于知识基础底线的集群企业会发生作用。而对于知识基础比较弱的企业，特别是那些低于知识基础底线的集群企业来说，它们会渐渐被集群知识网络成员边缘化，直到退出集群。

2.2.5　集群知识网络的研究综述

通过对学术界关于集群知识网络的相关研究的梳理，可以发现现有研究存在以下不足之处：第一，对集群知识网络及其构成的认识有待深化。具体表现在：首先，集群知识网络并非完全由企业构成，集群范围内的中介机构也是其构成部分。其次，集群知识网络并不一定是一个关系密集网络。虽然集群知识网络在狭小的空间或地域范围内聚集了多个组织，但这些组织之间的知识往来关系并非都是强关系。最后，集群知识网络是集群学习的空间场所、实现载体及外在反映。集群知识网络通过影响集群学习，进而对企业创新行为、创新产生影响。集群知识网络中流动的资源是知识，集群知识网络的结构会影响知识的成员分布。集群学习的对象是知识，具体的机制是知识获取、知识转移和知识利用。第二，当前对集群知识网络的效应研究只分析了集群知识网络的结构是影响集群企业创新绩效等因素，但集群知识网络如何影响创新绩效则缺乏研究。并且，并非所有知识网络都有利于集群升级，我们需要深入分析哪些网络结构有利于集群的升级和集群企业的成长。第三，集群知识网络成员的属性及彼此的差异对集群知识网络的效应会有重要的影响，现有研究也很少关注这一领域。第四，目前研究在分析知识网络对集群升级的影响时，忽视了集群企业在知识基础、吸收能力等方面的差异性，对知识网络如何通过影响部分集群企业，进而对整个集群竞争力带来的影响也少有研究。

2.3 集群企业成长理论综述

2.3.1 企业成长研究的理论脉络

自 Penrose（1959）出版《企业成长理论》一书以来，经济学、管理学等领域的学者对企业成长理论开展了一系列研究，与产业组织和战略管理相关的理论主要有马歇尔的内部成长观点、SCP（结构—行为—绩效）范式、资源基础理论、知识基础理论、网络理论等。总的来看，这些理论主要关注企业成长的两个方面：企业成长的过程和影响企业成长的因素。对企业成长过程的研究主要关注企业如何成长和企业成长的动态特征，而对影响企业成长因素的研究主要是分析什么因素促进了企业的成长。

以 Penrose 为代表的资源基础观学者认为企业是一系列生产性资源的集合体，企业的成长就是企业生产性资源的增多和资源利用能力的提高。而以贝恩为代表的产业组织理论学者把企业看作一个战略行为者，认为企业的成长最终表现为企业市场主动性的增强和市场份额的增加。

20 世纪 80 年代，随着战略联盟、集群等网络化组织的出现，企业网络成为企业成长的一种重要手段。许多企业依靠网络资源实现了快速成长，即实现了网络化成长。因此，网络化成长进入了众多学者的研究视野，并成为企业成长研究的一个重要理论分支。

早在 1971 年，Andues 就提出，企业的成长是对企业已有资源与新机会之间进行权衡的结果，而新机会的获取与企业的外部网络关系是密切相关的。Jarillo（1988）、青木昌彦（1994）等学者的研究也表明，在全球化的竞争环境下，产品的生命周期日益缩短，企业必须拥有灵活性、效率和集体学习等关键能力。如果企业只依靠内部来获取和调动资源以实现成长，这种企业成长往往是低效的，而且缺乏竞争力。Jarillo（1988）和 Hakansson（1993）等也认为，在复杂的动态环境下，专业化分工效率、企业间频繁的知识交流与学习和灵活性是网络组织具有的主要优势。

Casseres（1994）认为，企业可以从知识网络中获得两种优势：一是网络整体的优势。由于网络知识溢出的效应，网络中的每一个成员都能够从其他企业的优势中获益。二是来自企业自身独特能力的优势。企业的独特能力是其占领特定网络位置的基础。具有相对能力优势的企业可以占据网络核心位置、结构洞等重要位置，从而可以享受网络重要位置带来的正效应。

邬爱其（2005）认为，网络可以从以下四个方面推动企业成长：第一，企业通过嵌入网络，可以获得和整合企业成长的资源。第二，网络成员之间的相互合作有助于创新，可以为企业创造成长机会。第三，企业通过嵌入网络，可以为企业降低运行风险。第四，企业通过加入网络，可以了解自身的能力状态，使企业有提高能力的压力。

总之，无论是从资源基础观的视角，还是从关系理论的视角，企业的网络关系都是企业获取资源的一种重要途径（Gulati, 1998）；无论在企业的初创期，还是成长期中，网络都扮演着很重要的角色（Hansen, 1995; Hite, 1999; Larson & Starr, 1993; Stuart, Hansen & Hybel, 1999）。

2.3.2　影响集群企业成长的因素研究

通过相关文献的梳理，有关集群企业成长影响因素的研究主要集中在以下领域：

2.3.2.1　资源与集群企业成长

Molina-Morales（2001）认为，产业集群中的资源属于共享性资源，有局部公共产品的性质。对于集群企业来说，这种资源可以无偿占有，但集群外部的企业不能获得这些资源。因此，与非集群企业相比，集群企业可以获得非对称的竞争优势。

知识是企业的一种重要资源，也是集群升级的重要源泉。有学者提出，集群企业网络化成长的实质是集群企业凭借本地社会网络获得本地知识溢出而实现企业成长。产业集群内密集的社会网络使隐性知识在本地网络得到有效的传播，从而形成本地“产业空气”。马歇尔（1890）在强调集群的外部规模经济的同时，也非常注重集群成员之间知识溢出的重要性。他认为，集群中“飘荡着行业秘密的空气”，“行业的秘密不再成为秘密，而似乎是公开了”。Storper（1995，1997）认为，集群成员之间的关系可分为贸易性依赖关系与非贸易性依赖关系。非贸易性依赖关系可以为集群企业带来知识溢出的优势，而这种优势有利于企业快速获得流转的知识，从而实现成长。Storper 和 Venables（2002）进一步提出，基于面对面交往的本地社会网络是集群内部知识溢出的重要渠道。这一社会网络主要包括两大类：一是围绕本地非企业机构所形成的社会网络；二是员工流动与企业衍生所形成的人际网络。后来很多学者通过研究发现，这种人际网络所带来的共享知识基础和信任有助于隐性知识的溢出，是集群企业知识溢出的主要方式。例如，Owen-Smith 和 Powell（2004）在对华盛顿高科技产业集群的研究发现，企业和大学、科研机构、技术服务机构等的社会交往明显促进了知识溢出。

2.3.2.2 学习与集群企业成长

这一方面的研究集中在以下几个方面：一是集群跨网络学习与集群企业成长。赖红波等（2011）[①] 认为，产业集群跨网络学习是两个不同网络间的组织学习。也就是说，嵌入网络的多个企业跨出网络边界，向同行业的另一个高端网络学习，获取新知识的一种集体学习行为，如嵌入华跨国公司网络及其外延网络，与网络中的渠道经销商、供货商、中介机构等组织建立联系，获得学习和知识外溢的机会。

二是集体学习与集群企业成长。Keeble 和 Wilkinson（1999）认为，集群创新的本质就是集群内部的企业，以及企业之间动态性的知识流动。不同于组织内部的学习行为，集群成员间的集体学习是更高层面的一种知识社会化过程。当然，集群成员间的集体学习也可以促进集群内部企业的知识创新。

2.3.2.3 网络与集群企业成长

20 世纪 90 年代以来，网络经济的兴起大大地改变了企业传统的运作模式和战略行为。一方面，经济全球化推动了市场的全球化，企业之间竞争的范围、程度呈现全球化和全面化的特征；另一方面，企业不断加强了与全球范围内的供应商、客户、竞争者等利益相关者的合作关系。企业之间的竞争不再是单个企业之间的竞争，而是企业网络之间的竞争（Best，1990）。在这种新的竞争环境下，企业战略网络成为企业实现持续成长的重要手段。Gualti

① 赖红波等. 产业集群的自我否定与跨网络学习——以浙江温州低压电器产业集群为例［J］. 华东经济管理，2011(2): 13-20.

等（2000），较为系统地提出了企业成长的战略网络观。该观点认为，战略网络是一种不可模仿的资源，它不仅能够带来不可替代的价值，而且能为企业获得不易模仿的资源和能力。由于网络在获取外部资源方面具有独特的优势，学者们也渐渐把企业成长与网络组织联系起来进行研究，探讨网络对集群企业成长有什么影响，也就是集群企业网络化成长研究。

2.3.3 集群企业成长的网络化机制研究

目前有关集群企业网络化成长的研究可分为两个阶段：一是同质假设条件下的集群企业成长研究；二是异质假设条件下的集群企业成长研究。在同质性假设条件下，学者们假设存在一个典型的集群企业，其依托产业集群所赋予的无差异网络获得相同的"集群共享性资源"，实现企业成长（Boschma & Frenken，2006）。在同质性假设条件下研究集群企业网络化成长，学者们把资源、能力不同的集群企业看作同质企业，并且把产业集群网络和集群企业网络直接等同起来，认为集群企业网络是无差异性的和外生的。

但是，集群企业由于资源能力、决策者偏好等因素的不同，往往会采用不同的网络化成长模式。因此，集群企业成长所依赖的网络模式是内生于企业的一种自我决策的结果，学者们开始思考为什么不同的集群企业会选择不同的网络化成长模式。因此，一些学者开始从匹配视角分析集群企业的网络构建行为，从而形成了基于异质性假设的研究思路（吴波，2007）。从演化经济学的视角来分析，由于路径依赖等因素的影响，集群企业在其成长过程中会选择不同的细分市场，表现出异质能力。因此，企业内部的异质能力和外部环境的差异化决定了集群企业选择不同的网络化成长模式，从而使集群企业网络化成长模式呈现多元化。

对集群企业网络化成长的研究主要包括以下几个方面：一是研究社会网络对集群企业成长的影响。顾慧君（2007）认为，企业成长会驱动产业集群的升级，这一过程的实质是个体驱动下的社会网络演化过程。基于这一认识，她分析了社会网络结构（从中心度、网络稠密度、结构自治度，以及结构对等度四个方面来衡量）对产业集群升级的三种影响机制，分别是社会网络结构对网络中物质资本流动的影响，社会网络结构对信息传递的影响和社会网络结构对网络成员间协调方式的影响。对于集群嵌入的社会网络的研究，学者们普遍认为集群嵌入的社会网络成员包括了集群企业、地方政府、高校、研究机构和产业协会等组织。而网络的类型则是多样化的。Capello 和 Faggian（2005）[①] 指出，集群企业嵌入的地方社会网络包括地理临近性网络和组织临近性网络两大类。Argouslidis 和 Indounas（2010）则将集群企业嵌入的地方社会网络分为地理相近、社会相近、组织相近、制度相近和认知相近五大类[②]。程聪、谢洪明（2012）[③] 区域社会网络嵌入下的集群企业主要存在两种合作方式，即水平网络嵌入关系与垂直网络嵌入关系。他们认为，社会网络水平嵌入是以企业间的产业分工为基础的网络嵌入形态，而社会网络垂直嵌入通过政府政策、产业环境等对企业合作关系产生规制作用。通过对浙江省 172 家集群企业的实证研究发现，集群企业的社会网络往往处于一种相对稳定的状态，企业社会网络水平与垂直嵌入均对关系张力具有显著的正向影响；集群企业的社会网络水平嵌入与垂直嵌入不仅对企业关系绩效有直接影响，而且通过关系张力对企业关系绩效产生间接影响。

二是知识网络对集群企业成长的影响。李文博等（2011）[④] 研究了知识网络演化的影响因素以及这些因素对集群企业成长的影响。研究发现，影响集群企业知识网络演化的关键因素遵循“资源—行为 / 能力—政策”的逻辑。影响知识网络演化的重要因素有四个，即网络共享性资源、企业网络化能力、企业适应性行为和集群政策性情景。其中，集群政策性情景是知识网络演化的外部情景条件，网络共享性资源是知识网络演化的基础和前提，而企业适应性行为和网络化能力是知识网络演化的内部驱动因素。进一步，李文博等（2011）认为，企业嵌入知识网络进行组织学习，当企业进入新技术领域时，主要以探索性学习为主，随着知识的不断积累，企业更多的是进行挖掘性学习，不断地提炼和深化获得的网络知识。由于集群网络具有溢出、扩散和转

① R. Capello & A. Faggian. Collective Learning and Relational Capital in Local Innovation Process [J]. Regional Studies, 2005, 39(1):75-87.

② Paraskevas C. Argouslidis & Kostis Indounas. Exploring the Role of Relationship Pricing in Industrial Export Settings: Empirical Evidence from the UK [J]. Industrial Marketing Management, 2010, 39(3): 460-472.

③ 程聪，谢洪明. 集群企业社会网络嵌入与关系绩效研究［J］. 南开管理评论，2012(4): 28-35.

④ 李文博等. 集群情景下企业知识网络演化的关键影响因素［J］. 研究发展管理，2011(6): 17-26.

移机制，集群内企业好的知识网络演化模式将逐渐成为集群内大多数企业的共性模式，从而实现由企业成长驱动的集群升级。

2.3.4 集群升级与企业成长的研究

在集群升级的背景下，对集群企业的成长开展的研究成果较少。张辉（2004）[①] 提出，企业成长理论下的产业升级研究主要关注企业层面，所以不能解释产业集群、全球价值链上关联企业的系统升级过程。顾慧君（2007）[②] 提出，在集群升级的研究中，学术界分别运用了企业成长理论、新区域主义，以及全球价值链理论，从企业层面、集群层面和全球化层面三个层面来展开，这些研究存在一些共同点，即企业成长驱动集群升级，以及企业成长驱动下的集群升级是在网络环境下进行的。她认为，企业成长驱动下的集群升级会映射为单个集群企业驱动下的社会网络演化过程。

企业是产业集群的构成主体，集群的升级最终落实到企业的成长上。集群大部分企业的成长最终实现集群的升级。

2.4 集群中的核心企业理论

2.4.1 核心企业理论的相关研究

“新产业区”理论强调中小企业对于产业集群形成、延续和发展所起到的作用。“新产业区”理论能对“第三意大利区”型产业集群做出较好的解释，但对于“中心—外围”等类型的产业集群不能很好的解释。在“中心—外围”等类型的产业集群中，核心企业对于集群的发展起着非常关键的作用。

基于前人研究的不足，集群的核心企业理论应运而生。该理论认为，集群企业在集群发展中的角色具有差异性，核心企业在产业集群的形成和发展过程中扮演着无可替代的角色。

---

① 张辉. 全球价值链理论与产业发展研究［J］. 中国工业经济，2004（6）.
② 顾慧君. 基于社会网络结构分析的产业集群升级研究［J］. 产业经济评论，2007(6): 157-171.

Boari（2001）[①] 认为，如果要把握核心企业的根本属性与特性，必须从核心能力和集群网络关系这两个维度进行。也就是说，核心企业不仅能提出大多数集群企业认可的经营理念，而且能够领导合作伙伴，建立企业间信任关系，并具备选择和吸引优秀合作伙伴的能力。此外，核心企业还需要与集群内的组织维持强联系，而与集群外的其他组织保持弱联系。

学者们基于集群形成和演化、集群技术创新等视角探讨了核心企业与集群成长的关系。Boari（1999）[②] 在研究核型结构产业集群中知识的创造与传递问题时，提出了核型结构集群中集群企业学习的两种路径。此外，核心企业通过与供应商合作，可以更加有效地组织集群创新活动。Boari（2001）进一步提出，核心企业在核型结构产业集群的发展中起一系列的作用：第一，为集群中小企业提供广阔的市场；第二，作为母公司衍生出一系列新企业，并且对集群内部的新创企业提供大力支持；第三，向集群中小企业溢出知识、传递资源，从而维持集群的发展；第四，作为成功的原型，为集群中小企业的成长提供示范；第五，作为变革的倡导者，率领集群中小企业及时转型，走出危机与困境。刘友金与罗发友（2005）[③] 在基于核心企业成长的集群演进机理研究中发现，核心企业的成长和集群演进是一个互动过程，核心企业是集群形成与演化的核心，企业家的能力和特质是核心企业成长的关键。因此，地方政府应该创造良好的氛围以激励企业家提升其能力，促进核心企业的健康成长，从而引导集群的发展。郑毅（2006）[④] 提出，市场需求、政府激励、市场竞争、地域文化、企业间交互联系驱动了以核心企业为中心的集群技术创新机制的形成，对核心企业的市场化培育是实现企业集群获取技术优势的有力手段。

① C. Boari. Industrial Clusters，Focal Firms，and Economic Dymmism：A Perspective from Italy［R］. Working Paper for World Bank Institute, 2001.

② C. Boari, A. Lipparini. Networks within Industrial Districts: Organising Knowledge Creation and Transfer by Means of Moderate Hierarchies [J]. Journal of Management and Governance, 1999(3): 339-360.

③ 刘友金，罗发友. 基于焦点企业成长的集群演进机理研究——以长沙工程机械集群为例［J］. 管理世界，2005(10): 159-161.

④ 郑毅. 技术创新、焦点企业治理与企业集群成长［J］. 渤海大学学报（哲学社会科学版），2006，28(4): 88-91.

张永安、付韬（2010）[①] 以产业集群核心企业理论的相关内容为依据，从分包交易、社会关系及创新机制三个维度研究了核心企业核型结构产业集群的创新网络演进过程。

2.4.2　集群核心企业[②] 与集群升级

项后军（2007）[③] 提出了集群中核心企业的三种成长机制：通过整合内部资源，实现内生性成长；整合本地的集群资源来实现成长；整合非本地集群的外部资源，为集群企业的成长提供技术、人力、资金、顾客等资源，实现企业的跨越性高成长（林润辉，2004）[④]。

项枫（2012）[⑤] 通过运用网络分析方法将核心企业的成长方式与集群的升级融合在一起。她认为，核心企业在内生性成长和外部化成长的过程中，不仅完成了对集群资源的整合和优化，而且构建了以核心企业为中心节点的内生性网络与外部化网络。正是凭借各种网络优势，集群的核心企业对集群的演进和升级施加着影响。

总的来看，已有对核心企业与集群成长关系的研究侧重于核心企业在产业集群的形成与演化中的作用，对于集群的升级很少涉及，对于知识网络与集群升级的研究也较少。

① 张永安，付韬．焦点企业核型结构产业集群创新网络演进模型、问题及对策研究［J］．软科学，2010(2): 64-71.

② 本书将核心企业和焦点企业统称为核心企业。

③ 项后军．产业集群、核心企业与战略网络［J］．当代财经，2007(7): 86-91.

④ 林润辉．网络组织与企业高成长［J］．天津：南开大学出版社，2004.

⑤ 项枫．基于核心企业网络构建的产业集群升级研究［J］．浙江学刊，2012(5): 174-179.

第3章 集群升级阶段的集群企业成长机理

创新性知识是集群创新与技术升级的源泉，知识网络是集群知识在集群中的载体，而集群学习是集群知识流动的过程。要解决我国产业集群面临的技术升级、产业升级的困境，就必须解决集群创新知识的来源及其管理问题。本章将首先分析集群升级背景下集群企业成长所需的知识资源特点、类型，其次阐明集群知识的空间布局、动态管理问题，再次分析集群知识网络的构成要素，以及集群学习的内容与过程，最后综合知识资源、集群学习阐述集群企业的成长机理。

3.1 集群升级阶段集群企业成长所需的知识资源分析

3.1.1 集群企业升级困境的知识资源归因

随着技术进步、全球分工专业化和竞争加剧，一些曾经给我国地方经济带来繁荣的产业集群，正或多或少地面临着技术水平落后、创新能力不足、附加值较低、发展后劲匮乏等问题。尤其是那些处于价值链低端、“根植于”地方特色的产业集群，由于多处于全球价值链的底端，主要为跨国公司提供OEM（委托加工）代工，面临的升级必要性和迫切性更加严重。从集群生命周期来看，这些集群都已进入集群升级阶段，必须通过技术的创新、组织的创新实现更高阶段的持续成长。但是，正如学者们（文婷，曾刚，2005①；邓智团，2010②）提出的，在集群升级中，由于发达国家跨国公司对全球产业链的控制、对地方产业网络升级的阻止和限制、我国集群企业创新能力的不足等，我国集群企业只能在工艺和产品创新方面进行升级，难以进行整体功能创新（Humphrey & Schmitz，2000；Bazan & Aleman，2001），难以向价值链高端环节延伸，因此影响了企业核心能力和自主品牌的培育。

实际上，创新的本质是对知识和信息的获取与整合。创新是通过知识的流动而产生的知识积累和知识创造过程（刘闲月等，2012）③。因此，集群企业面临的技术升级需要获得新的技术、管理方法等知识。这些知识的特征不同于集群企业当前拥有的知识。集群中的部分企业能否获得这些知识资源，并在集群内进行广泛、有效的转移，成为集群层面的知识，最后将这些知识转化为新产品、新管理方法，将是决定我国集群企业能否成功进行技术升级，实现新一轮成长的关键所在。

然而，传统地方产业集群的知识源主要是当地的技术专业文化，以及当地技术人员、企业家的传统文化传承。可以说，这是一种地方性的知识网络。但是，完全局限于地方性的知识网络，缺乏超本地的知识网络容易造成本地套牢而导致集群的衰落。Smith 和 Powell（2004）④ 的研究发现，虽然本地知识溢出的效率要比超本地的知识溢出效率高，但决定性的、非累积性的知识的传播往往还是要依赖"超本地管道"，单凭借"本地广播"很难得到传播。在 Smith 和 Powell（2002）的研究成果基础上，Bathelt 等（2004）⑤ 构建了"本地信息场—全球管道"（Local Buzz-global Pipeline）模型，并提出集群企业成长所需要的各种资源是要通过"本地信息场"和"全球管道"来共同实现的。

---

① 文婷，曾刚．全球价值链治理与地方产业网络升级研究［J］．中国工业经济，2005(7): 20-27.

② 邓智团．非对称网络能力与产业网络的空间组织［J］．中国工业经济，2010(3)：149-155.

③ 刘闲月等．网络位势对集群企业知识扩散与创新的影响研究［J］．中国科技论坛，2012(6): 90-96.

④ J. Owen-Smith, W. W. Powell. Knowledge Networks as Channels and Conduits: The Effects of Spillovers in the Boston Biotechnology Community [J]. Organization Science, 2004, 15(1): 5-21.

⑤ H. Bathelt, A. Malmberg, P. Maskell. Clusters and Knowledge: Local Buzz, Global Pipelines and the Process of Knowledge Creation [J]. Progress in Human Geography, 2004, 28(1): 31-56.

由此可以推出，集群升级所需的知识资源一定是超越地方性知识网络，应该将全球性知识网络纳入集群学习的视野。导致我国产业集群发展困境的一个重要原因在于集群企业缺乏创新性的知识，而本地知识网络难以提供创新性的知识。因此，我国产业集群迫切需要嵌入全球产业网络。当然，嵌入全球产业网络，接近知识资源只是集群升级的前提条件之一，在全球产业网络位置与全球产业网络成员的关系密切程度、集群企业的吸收能力、集群企业间的关系等因素也是影响知识资源获取、转移和利用的重要因素。下面将依次对这些问题进行分析。

3.1.2 集群企业成长所需的知识资源类型与特点

从知识与创新的关系出发，Clark（1985）[①] 将产品知识划分为要素知识（Component Knowledge）与建构知识（Architectural Knowledge）两大类。其中，要素知识是指产品的核心设计观念及这些观念如何在各个零件上实施的知识，而建构知识是指如何将各零件进行更有效、更完整、更系统的整合的知识。

Tallman 等（2004）[②] 将 Clark 的知识分类方法运用到集群知识的分类中，他们认为，在集群企业之间流动的知识首先是要素知识的流动。从长期发展来看，要素知识最终会被集群成员所共享，但是集群的建构知识只会被部分企业所拥有，并由此形成企业的竞争优势差异。

在集群升级中，企业成长需要的知识通常是一种在产业界领先的新技术、新想法。因此，从知识的范围来看，集群升级所需的知识资源可以分为两种类型：一是工艺创新和产品创新知识；二是产业技术和产业发展趋势知识。这些知识异于企业已经拥有的知识。也就是说，集群企业成长所需的知识应具有异质性、新奇性。从知识的层次来看，可分为要素知识和建构知识。从知识的性质形态和载体来看，可分为技术知识、产品知识和经验知识三种类型。技术知识就是以文字等为信息载体即可编码信息的技术。产品知

---

① K. B. Clark. The Interaction of Design Hierarchies and Market Concepts in Technological Evolution [J]. Research Policy. 1985, 14(5): 235-251.

② S. Tallman et al. Knowledge, Clusters, and Competitive Advantage [J]. Academy of Management Review, 2004, 29 (2): 258-271.

识即物化在产品中的技术，如元器件、零配件知识等。经验知识就是存在于人的经验中的隐性知识或是不可编码的知识。在这些知识中，产业技术和产业发展趋势知识、建构知识，以及经验知识对集群成长更为重要。

Malerba（2001①，2002②）提出了知识的三个关键维度：知识的可获得性（Accessibility）、独占性（Appropriability）和可累积性（Cumulativeness）。知识的可获得性反映了企业获得外部知识的可能性。独占性反映了通过限制模仿或其他机会主义行为从创新活动中获利的可能性。可累积性是指新知识建立在现有知识的可能性，或者沿着特定轨迹创新的可能性。集群技术升级阶段企业成长需要的知识是一种在产业界领先的新技术、新想法。因此，从知识的内容上看，集群企业成长所需的知识应该异于已经拥有的知识。也就是说，集群企业成长所需的知识应具有异质性、新奇性（Novelty）。此外，按照 Malerba（2001，2002）的观点，这种知识应具有独占性，能被最先获得知识的企业独占知识的价值。

3.1.3 集群企业成长所需知识资源的空间布局

知识通常存留于某种载体中。Argote 和 Ingram 分析了嵌入于组织的知识具备三种基本要素——人员，工具、技术和任务，以及惯例，以及前两种要素相互交织、相互作用而形成的网络。在集群中，企业、中介机构、供应商、客户等组织都是蕴含丰富异质性知识的载体，它们彼此之间的知识交互形成相互联结的复杂网状系统（Seufert，1999③；Oyelaran，Oyeyinka，2003④）。网状系统中的连线表示各载体之间由知识溢出、扩散、转移、共享等环节的知识关联，显示了知识在集群中呈非均匀分布（李文博等，2011）。

因此，本书认为，集群的知识网络就是知识资源在集群企业间的不均匀

---

① F. Malerba. Sectoral Systems of Innovation and Production: Concepts, Analytical Framework and Empirical Evidence [C]. The ECIS Conference "The Future of Innovation Studies", Eindhoven, September 20-23, 2001.

② F. Malerba. Sectoral Systems of Innovation and Production [J]. Research Policy, 2002, 31: 247-264.

③ A. Seufert, G Von Krogh, A. Bach. Towards Knowledge Networking [J]. Journal of Knowledge Management, 1999, 3(3): 180-190.

④ Banji Oyelaran-Oyeyinka. Knowledge Networks and Technological Capabilities in the African Manufacturing Cluster [J]. Science, Technology & Society, 2003, 8(1): 1-23.

分布而形成的空间布局形态。拥有集群升级背景下集群企业成长所需的知识的集群企业、高校、科研机构等中介机构是构成集群知识网络的节点，这些节点彼此之间会在互动中形成业务关系、技术合作关系和人际关系，由此构成了集群的知识网络。

从知识存量和知识增量的角度来看，集群企业已经具备的知识存量嵌入于集群内的知识网络，而集群升级所需的新知识则主要嵌入于集群外的全球产业网络。由于知识的累积性，集群企业在成长中，通过获得外部新知识，与已有的知识存量进行整合、创新，实现集群企业的新一轮成长。总之，集群企业升级所需的知识网络是一种地方性知识网络和全球性知识网络的融合。

3.2 集群升级阶段下我国集群企业的知识网络构成

3.2.1 集群知识网络的构成要素

Seufert（1999）①认为，知识网络是网络中的人、资源和关系的组合。集群中不同的组织单元、各类知识，以及知识在不同组织单元中的流动关系和维持这些关系所镶嵌于其中的规则、制度等构成了集群知识网络。Cooke（2002）②认为，大学、科研机构、技术转移机构、行业协会、银行、政府、企业等都是集群知识网络的主体，并且这些主体可分为知识利用和开发子系统、知识产生和扩散子系统两类。

因此，构成集群知识网络的节点是具有一定知识基础和吸收能力的集群企业、政府、中介组织、行业协会、高校和科研机构。

首先，集群知识网络中各个成员都具有一定的知识存量基础。知识存量基础可从两个方面来衡量：一是知识存量的内容。就集群企业而言，集群企业知识存量的内容是由其所处的产业链或价值链环节的位置、集群知识网络的位置、企业的核心能力、学习战略等要素综合决定的。对于大企业为主导

① Andreas Seufert, Andrea Bach. Towards Knowledge Networking [J]. Journal of Knowledge Management, 1999(3): 180-190.

② P. Cooke. Regional Innovation Systems: General Finding and Some New Evidence from Biotechnology Cluster [J]. Journal of Technology Transfer, 2002(27): 133-145.

的集群，中小企业为其进行配套，大多数企业由于追求专业化和弹性精专，彼此的知识存量内容会有较大的差异。而对于以中小企业为主的集群，特别是如果集群的主导产业存在生产环节简单、在组织间进行专业分工的交易成本较高等特质，集群的产业组织形态就偏向于完全竞争，企业之间采用的是同质化较严重的生产模式。因此，知识基础内容的相似性就较强。二是知识存量的数量，即知识网络成员拥有的特定类型知识的数量多寡。集群企业知识存量的数量是由企业的规模、历史和学习能力等因素综合决定的。

其次，集群知识网络中各个成员的吸收能力具有差异性。不同集群企业在知识基础、企业学习战略、学习意愿和学习能力上的差异会导致集群企业成员之间的吸收能力各有不同。Giuliani 认为，集群企业的知识基础差异性导致集群内的知识传播不均匀，从而使集群企业间的学习具有选择性。

当前，我国集群知识网络中的成员不够健全，部分集群知识网络缺乏高校、科研机构等知识中介，或者这些知识中介没有充分发挥其功能，从而使集群的技术升级受到影响。同时，集群知识网络也存在配套生产性服务机构的缺失、技术创新文化的缺失等问题，不利于吸引技术人才，导致集群创新知识的源泉不够。

3.2.2　集群知识网络的结构分析

集群知识网络的结构可从多个方面来分析。首先，从网络的闭合性和开放性来看，在集群升级背景下，我国集群知识网络的结构存在过于紧密的现象，冗余关系的存在不仅增加了关系处理和维护的成本，而且导致网络的开放性不够。在对网络闭合性的研究中，Burt（2004），Coleman（1988）[①]，Obstfeld（2005），以及 Tortoriello 和 Krackhardt（2010）认为，紧密连接甚至闭合的网络会促进知识分享，有利于合作。然而，McEvily 和 Zaheer（1999），Vanhaverbeke 等（2009）提出，闭合网络会导致知识的冗余来源。这就意味着，闭合网络会降低网络成员知识来源的多样性。另外，一些研究

① J. S. Coleman. Social Capital in the Creation of Human Capital [J]. American Journal of Sociology, 1998, 94: 95-120.

表明，通过松散和不连接伙伴形成的网络是最佳的网络结构（Burt，2004；Zaheer & Bell，2005）。他们认为，企业桥接了没有联系的伙伴会增强知识基础的多样性（Vanhaverbeke et al.，2009）。然而，通过松散的网络进行外部知识搜索对企业的知识处理能力要求很高（Ahuja，2000）。这是因为，从没有联系的伙伴获得知识的企业不得不处理不相似的知识来源，这将增加吸收知识和利用知识的成本（Gilsing & Nooteboom，2006）。

笔者认为，集群知识网络的开放性和网络密度是彼此依赖，而非彼此矛盾的关系。与外部连接太强、太广泛的话，可能会威胁到集群网络内部关系的闭合性，进而影响集群的生存（Bathelt et al.，2004）①。此外，对全球管道的建立和维持并不是免费的，集群企业需要进行大量的投资，耗费大量资源去理解彼此的制度背景，并且建立信任。同时，为了获得闭合集群网络中流动的详细信息，企业也需要获得内部者身份（Insider Identity），这也不是免费的，内部成员之间的关系建立和维持需要时间和资源，否则这些关系将逐渐削弱。因此，集群知识网络的成员需要在网络开放性和闭合性之间取得平衡。最近的研究表明，这一均衡需要考虑一系列权变因素，包括地区类型、产业类型、活动类型、知识类型、学习类型等（Ahuja, 1997; Oinas, 1999; Rowley et al., 2000; Breschi & Malerba, 2001）。

在集群生命周期的各个阶段，闭合性和开放性的均衡也有所不同。Pounder 和 St. John（1996）提出了集群的三个阶段：起步（Origination）、汇聚（Convergence），以及再定向（Reorienation）或衰退。在再定向阶段，集群知识网络成员仍然能获得丰富的知识。但是，由于创新过程开始涉及更为复杂的技术，这些技术的产生要求能提供构成复杂技术的关键要素或部件的复杂组织网络的支持，而这些网络的成员通常会跨越多个空间位置（Wolfe & Gertler，2004）②。在这一阶段，网络的闭合性既不能提供足够的必要知识和资源来支持复杂的创新和生产，也没有提供异质性的知识来支持复杂的创

① H. Bathelt, A. Malmberg and P. Maskell. Clusters and Knowledge: Local Buzz, Global Pipelines and the Process of Knowledge Creation [J]. Progress in Human Geography, 2004, 28(1): 31-56.

② D. A. Wolfe, M. S. Gertler. Clusters from the Inside and Out: Local Dynamics and Global Linkages [J]. Urban Studies, 2004, 41(5/6): 1071-1093.

新和生产，因为在密集的内部中的信息存在高度冗余和多样性欠缺（Hite & Hesterly，2001）。换句话说，知识的自我效率（Self-sufficiency）和积累性（Cumulativeness）在这一阶段会下降。而且，由于内部成员倾向于坚持已经建立的规范、制度或心智模式，他们会变得更加具有同质性，而对外部刺激变得更不敏感，由此使外部知识的可获得性降低。因此，在集群升级阶段，知识的获取变得非常重要。此时，集群的开放性就变得非常重要。

其次，集群知识网络的结构对等性对集群知识的获取、转移与利用会产生影响。对网络结构对等性的研究始于 White（1970）①，他认为，在网络中结构对等的行动者扮演的角色相同，或者与其他位置的占据者保持相同的联系。因此，这些行动者之间可以相互替换。他们将获得相同的经验和机会（Burt，1987；Friedkin，1984；Mizruchi，1993）。结构对等可以从强意义和弱意义两个角度来看待。从强意义角度来看，结构对等就是网络中的各个成员与其他成员之间的关系都是互相等同的。弱意义的结构对等是指把足够相似的行动者看成在结构上对等。由于完全结构对等的网络在现实中很难实现，弱意义的结构对等就显得更有研究的价值。当前，我国不少集群知识网络的结构对等性过于突出，集群中心性不够高。而结构对等性强的企业之间的行为相似性不利于集群技术升级所需知识的获取，阻碍了中国集群企业的成长。

再次，产业集群知识网络的结构是不均匀的，具备丰富知识资源和能力的集群企业在网络中充当"结构洞"占据者（Structure Hole-spanner）或"桥"（Bridging）的作用。如图 3-1 所示，D 所处的位置就是一个结构洞。在集群知识网络中，如果集群内外两个组织之间没有直接联结，但分别与某一集群企业存在联结，那么这两个组织之间就存在一个结构洞，而该集群企业占据了这个结构洞位置。

"结构洞"占据者将集群外的新知识、规范或实践引入集群，降低集群成员行为的同质性。

① H. C. White. Chains of Opportunity [M]. Cambridge, MA: Harvard University Press, 1970.

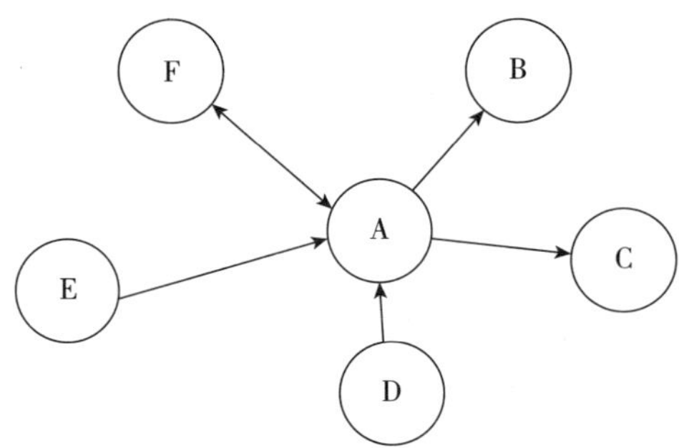

图 3-1 具有结构洞的网络

在集群中，核心企业因为有较强的知识吸收能力，往往成为集群知识网络的结构洞占据者。经济地理学家一直强调集群中的知识溢出具有本地共同学习氛围的特点，但 Giuliani（2005）突破了这一观点。他认为，集群内知识结构是不平衡的，核心企业作为知识网络中的重要节点，其作用是不容忽视的。Hansen（2001）① 提出，在集群网络中，核心企业往往充当了知识传递的中介，对加强网络中的间接联系起着重要作用。在对意大利 Brescia 机械集群的研究中，Lissoni（2001）② 提出，如果产业集群内有几家企业能够促进创新，协调集群内的活动，将有力地推动整个集群的发展。

另外，核心企业在集群知识网络中往往发挥着"守门人"或"桥梁"的作用。Owen-Smith 和 Powell（2004）③ 的研究发现，核心企业是集群知识的"守门人"，它们不断地搜寻和吸收外部知识，并将其引进集群。然而，核心企业为了提高集群内彼此学习的效率，往往只选择集群内那些知识基础较高、传递知识能力较强的企业作为合作伙伴。Malipiero（2005）④ 的研究也发现，核心企业有很好的外部联系，它们是本地与外界之间的"桥梁"，为集群内其他企业引入外部知识并推动知识在集群内的传播。

① M. T. Hansen, B. V. Oetiniger. Introducing T-Shaped Managers: Knowledge Management's Next Generation [J]. Harvard Business Review, 2001(3): 107-116.

② Lissoni. Knowledge Codification and the Geography of Innovation: The Case of Brescia Mechanical Cluster [J]. Research Policy, 2001, 30(9): 1479-1500.

③ Owen-Smith, Powell. Knowledge Networks as Channels and Conduits. The Effects of Spillovers in the Boston Biotechnology Community [J]. Organization Studies, 2004, 15(1): 5-21.

④ A. Malipiero, F. Munari, M. Sobrero. Focal Firms as Technological Gatekeepers within Industrial Districts. Knowledge Creation and Dissemination in the Italian Packaging Machinery Industry [N]. DRUI D Working Paper, 2005(5).

最后，集群企业在知识网络中的位置不一样。在网络中，占据中心位置的企业往往具有信息优势。它们能最先或独占性地获得各种集群信息（如客户的需求、集群成员的资源能力等）。对集群知识网络的成员来说，占据中心位置的集群成员拥有更先进的技术、更优越的资源或能力，或者具有更高的地位、对客户具有更强的吸引力等。在社会网络理论中，网络位置的中心度可通过一个地位次序来反映，越靠近中心位置的组织，其市场绩效可能会越好。因此，网络中的中心位置便具有了一种信号属性。在集群的知识网络中，处于边缘位置的集群企业可能会采取各种策略（如联盟、交易等），试图与更高地位企业建立联系，从而提高其网络位置。但是，如果边缘企业不能增加中心企业的吸引力（Gulati & Garigiulo，1999[①]；Podolny，1999），不能为其提供资源的回馈，中心企业可能缺乏动机与边缘企业建立密切的互动关系。

3.2.3 集群知识网络的内容分析

集群企业之间知识要素的流动的集群知识网络的内容。在集群升级阶段，我国集群知识网络的内容存在知识基础（Knowledge Bases）的同质性较高、冗余知识过多的问题。由于我国大多数集群都属于中小企业集群，企业之间的知识基础差异较小，表现在知识内容的重叠、知识数量的接近，这虽然有利于集群企业之间的知识转移和知识利用，但不利于知识的创新。

知识在集群知识网络中的流动有自己的特点。王晓娟（2008）提出，集群中知识的流动具有选择性和不对称性特征。集群知识网络的结构会影响知识资源流动的过程和效果。网络关系的类型对于知识共享、知识扩散、知识利用的作用有所不同。Andrea Morrison 和 Roberta Rabellotti 通过对意大利酒业集群知识网络的研究发现，集群知识的流动将会受到集群内某些成员的制约。在很多时候，集群知识的流动仅在产业集群的某些子集中，也就是说并不是所有集群知识网络成员都能够均等地获得集群知识。所以集群知识在一定程度上是一种“俱乐部物品”，只在一些小的“知识团体”内流动。

① Gulati & Garigiulo. Network Location and Learning: The Influence of Network Resources and Firm Capabilities an Alliance Formation [J]. Strategic Management Journal, 1999(20): 397-420.

Capello（1999）① 提出，知识在集群网络中的流动有多种途径，如供应商与客户之间，特定生产系统内企业之间建立的正式或非正式的合作关系，企业之间技术性员工的流动，企业、高校、研究实验室所衍生的新企业等。

3.3 集群学习的界定及其构成维度

“集群学习”的概念最早是由欧洲区域创新环境研究小组（GREMI）的学者们提出来的，是指产业集群内的成员企业为了应付技术不确定性的挑战而协调行动（Capello，1999）②。当前，国内外学者对集群学习的界定也多是从集群所处的地理区域角度出发，注重集群内部的集群学习或集体学习（Collective Learning）。蔡宁和吴结兵（2005）③提出，集群集体学习是指集群企业与相关机构等组织间的互动所带来的知识传递、积累及新知识的产生过程。Capello（1999）④认为，集群学习是知识积累的社会过程。在集群学习中，集群成员遵守共同的规则和程序，采取协调一致的行动来解决学习中的各种问题。

不同于其他学者从集群学习的区域来界定集群学习的视角，本书从集群学习的主体来界定集群学习。笔者认为，集群学习是集群企业通过跨网络学习获得知识，在集群内进行集体学习，并转移知识和利用知识的过程。只要学习的主体涉及集群内的企业，不管其地域范围是否超出了集群所处的地区，都可以认为是集群学习。从空间维度来看，集群学习包括了集群企业的跨网络学习（集群外学习）和集群内的集体学习两个维度。从学习方式维度来看，集群学习涵盖了探索型学习和利用型学习两个维度。从集群学习的知识与现有知识的一致性来看，结合集群学习的两个维度，可以将知识获取过程中的集群学习方式分为四类（见表 3-1）。

①②④ R. Capello. Spatial Transfer of Knowledge in High-Technology Milieux: Learning Versus Collective Process [J]. Regional Studies, 1999, 33: 353-365.

③ 蔡宁，吴结兵. 产业集群的网络式创新能力及其集体学习机制［J］. 科研管理，2005(7): 22-29.

表 3-1　集群学习方式的分类

一致性 / 空间维度	与现有知识一致	与现有知识不一致
集群外学习	集群内利用型学习	集群内探索型学习
集群内集体学习	网络间利用型学习	网络间探索型学习

3.3.1　集群学习的空间维度

3.3.1.1　集群企业的跨网络学习

组织学习不仅仅是组织一个层面上的现象，而是涉及整个组织和组织间的一种复杂的学习网络的互动过程（于海波等，2006）①。集群作为一种重要的网络组织，当某一集群中的企业与集群外的组织进行学习时，就产生网络间的组织学习。

一般来说，集群企业的跨网络学习由集群的核心企业发起，集群核心企业进行内生式创新或竞争创新，然后向知识网络的中介者扩散，最后向边缘者扩散。集群核心企业是集群的领导者，在集群网络中占据主导地位，并带动和影响集群中其他企业的发展方向和发展速度，并充当集群发展的管理者和协调者角色。Malipiero 等（2005）② 对意大利包装设备产业集群之中知识的创造与传播过程的实证研究表明，核心企业（Focal Firm，也称焦点企业）在从集群外部引入技术与知识到集群内部过程中扮演技术“守门人”的角色，其作用较其他非核心企业更为重要。

以柳市低压电器集群为例，作为该集群的核心企业之一，正泰电器与美国通用电气（GE）建立了战略联盟，通过这种超越本地集聚的战略联盟，正泰电器从 GE 获取技术创新和升级所需的知识。与此同时，正泰不仅在美国硅谷和上海建立了技术研发中心，试图获得电气行业的最前沿技术和知识。柳市低压电器集群的另一个核心企业是德力西电气，它建成了德国、上海、

① 于海波，方俐洛，凌文辁. 企业组织的学习结构［J］. 心理学报，2006, 38(4): 590-597.

② Alessandro Malipiero, Federico Munari, Maurizio Sobrero. Focal Firms as Technological Gatekeepers within Industrial Districts: Knowledge Creation and Dissemination in the Italian Packaging Machinery Industry [R]. Danish Research Unit for Industrial Dynamics (DRUID) Working Papers, 2005.

温州（省级技术研中心）三级分层研发体系，并通过收购德国波恩一家电器生产企业，在德国建立了产品研发中心。德力西此举的目的就是以产品研发中心为平台，尝试嵌入德国的电气知识网络，充分利用德国的技术资源、创新的信息流和氛围，学习电气行业的前沿技术，为德力西进入高端市场提供技术支撑。

3.3.1.2 集群企业的网络内集体学习

Keeble 和 Wilkinson（1999）从集群企业的集体学习行为出发对集群创新机制进行研究。他们认为集群创新的本质就是集群内部的企业，以及企业之间动态性的知识流通过关系网络进行转移和利用的过程。集群内部组织间的集体学习即为集群创新的行为表现。不同于组织内部的组织学习行为，集体学习是更高层面的一种知识社会化过程，同时也是刺激集群内部企业进行知识创新的过程。魏江和叶波（2002）[①] 总结了集体学习 [②] 的三个关键特征，即学习主体的多元性、实施中的协调性和利益上的互惠性。

Keeble 和 Lawson（1999）[③] 对英国剑桥地区产业集群的实证研究发现，集群学习主要有三种机制：技术、管理专长通过企业家的流动在本地的传播，新企业的衍生，以及企业研发人员在本地企业间流动。魏江（2003）[④] 进一步归纳了集群学习最常见的三种机制：人才在区域内部的流动、本地企业网络化联系和企业衍生过程。

集群核心企业在集群企业间的集体学习中扮演着重要角色。一般来说，集体学习通常由集群核心企业来主导，它们与上下游集群企业、社会服务机构或其他网络位置相同的集群企业一起创新，具体可分为产业链上下游之间的合作创新和产业链同层次企业间的竞争创新。前人的研究多注重了第二种创新，但忽视了第一种创新，即建立在合作创新基础上的创新成长。

---

① 魏江，叶波，企业集群的创新集成：集群学习与挤压效应［J］. 中国软科学，2002(12): 38-42.

② 原文中的表述是“集群学习”，但从含义上看，指的是集群内部成员之间的学习，这与本书的集体学习概念相吻合。

③ D. Keeble, C. Lawson, B. Moore, et al.. Collective Learning Processes, Networking and Institutional Thickness in the Cambridge Region [J]. Regional Studies, 1999, 33(4): 319-333.

④ 魏江. 产业集群——创新系统与技术学习［M］. 北京：科学出版社，2003.

3.3.2　集群学习的学习方式维度

组织学习理论认为，企业成长是由探索型学习和利用型学习等组织知识活动相互协同作用过程中形成的知识系统自我演化的结果（Khanna, 2005）。沿袭组织学习理论对企业成长的这一认知，笔者认为，集群企业的成长是由探索型学习和利用型学习共同作用的集群学习的结果。Khanna（2005）进一步提出，为了避免知识系统演化路径的锁定和风险，在企业成长的不同时期，企业需要不断界定探索型学习或者利用型学习的主导地位，并考虑两种学习方式在培育企业比较竞争优势方面的互补性，实现两种学习方式的灵活运用和动态转化。

对集群学习现象的探究发现，集群学习一般会经历四个过程，分别是危机、开放、试验和聚焦。在第一个阶段，集群企业片面注重对"集群知识"公共品的利用，缺乏动机进行探索型学习，导致集群面临知识源枯竭，创新力不足的危机。当前，我国很多集群正处于技术落后、网络成员创新得不到有效保护的危机阶段。为了解决这一问题，政府必须鼓励创新，一是对外开放，增加集群与外界的联系；二是对内开放，鼓励集群知识网络成员彼此之间相互开放，共同进行探索型学习。在集群知识网络之间彼此开放后，集群知识网络成员将尝试进行互动、合作，共同进行探索型学习。当然，集群知识网络成员可能单独进行创新，或者试探性的合作与谈判，这一过程会产生知识的转移（溢出）。在进行试探性的合作后，集群知识网络成员之间进行广泛而深入的合作，进行技术的创新、产品研发。如果新技术或新产品研发成功，集群知识网络成员将开始从探索型学习转向利用型学习，集群文化、共同解决问题机制、网络规范等网络关系治理机制将有助于各网络成员对如何利用知识达成一致（Holmqvist，2003）①。

从知识管理的角度来看，在开放阶段，集群企业的主要任务是知识获取；而在试验阶段，集群企业的主要任务是知识转移和知识探索；在聚焦阶段，集群企业的主要任务是知识转移和知识利用。考虑到集群企业的成长与非集

① Mikael Holmqvist.A Dynamic Model of Intra- and Interorganizational Learning [J]. Organization Studies, 2003(1).

群企业的成长的不同之处，即集群企业的成长是集群整体升级或发展基础上的单个企业外显。集群整体的创新和技术升级才能带来集群企业的持续成长。因此，本书在分析集群学习与集群中的知识管理的时候，应该更加侧重集群的背景。比如，在分析集群中的知识利用时，要说明知识利用是集群之间的合作式利用，即合作式探索型学习和合作式利用型学习。

3.4 知识资源、集群学习与集群企业的成长机理

3.4.1 基于集群学习的集群企业成长机理模型

从知识流动的角度来看，集群学习是一个循环往复、不断深化的结果，知识获取、知识转移和知识利用三个阶段也在不断循环递进。集群学习的螺旋式推进最终推动了集群企业的技术升级，以及集群企业的成长。由此，笔者提出了基于集群学习的集群企业成长机理模型（见图 3-2）。

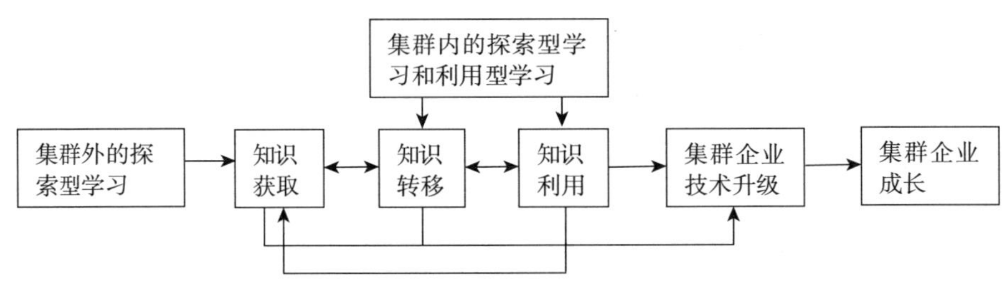

图 3-2　基于集群学习的集群企业成长机理

3.4.2 集群学习的开放阶段与知识获取

从企业成长的动力源角度，可以将企业创新分为内生创新和外生创新两个角度。内生是自发、自动的创新；外生是被动的创新。内生创新的实现可以是通过企业主动的技术研发、主动的技术模仿。内生创新效益的实现在很大程度上取决于网络的资源获取、网络的规范完善。外生创新的实现是企业与其他企业合作创新的结果。创新效益的实现在很大程度上取决于网络的资源获取、网络的规范完善。但资源获取、网络规范在两种创新中的影响机制并不一样。

从内生成长和外生成长两个角度，我们可以将集群创新知识的来源分为外部和内部两种。外部来源主要是跨网络学习[①]与知识获取。集群创新知识的外界获取有两种途径，即核心企业的获取和非核心企业的获取。内部主要是集群企业间的集体学习产生的知识，并在集群企业间转移和利用。在集群升级阶段，第一种途径将在创新性知识的获取中起到关键作用，因此本书着重分析该知识获取的途径。

在集群学习的开放阶段，集群企业进行探索型学习，向集群外的知识网络寻找创新性知识的源泉，并对原有的集群知识进行创造性破坏，以整合不同领域的知识。

3.4.3　集群学习的试验阶段与知识转移

在集群学习的试验阶段，各网络成员进行持续的互动、合作，共同进行探索型学习，在此过程中产生知识的转移。以厦门汽车产业集群为例，其核心企业之一——金龙联合汽车工业有限公司在技术创新的过程中与其上游企业之间进行人员培训、技术交流，使新技术、新知识在集群创新网络中扩散。这使上游的企业容易掌握金龙汽车的技术发展现状，为了与金龙汽车配套创新也不断地进行技术创新。

集群知识网络中的知识转移主要有以下三种方式：基于人才流动的转移、基于产业链的转移、基于技术转移的转移。各种转移方式适宜转移的知识类型、转移的知识接受体有所不同。集群知识网络的知识转移机制如图 3-3 所示。

在集群知识网络中，人才流动是知识转移的有效途径。Keeble（1999）、Lawson（1999）的实证研究发现，企业家的本地流动，以及人才流动带来的企业衍生是产业集群网络四种学习机制中的两种。人才流动的方式可以是集群成员之间的个人交往、集群中的高校、科研机构中的技术人才建立新企业等。在基于人才流动的知识转移方式中，转移的主要知识是经验知识。

① 赖红波等（2011）提出了“跨网络学习”一词，他们认为，跨网络学习是两个不同网络间的组织学习。也就是说，一个网络内的多个企业，跨出自己所属的网络，进入另一个同行业的高端网络学习，获取新的技术和知识的集体学习行为。跨网络学习的目的是实现新的增长和高端突破。

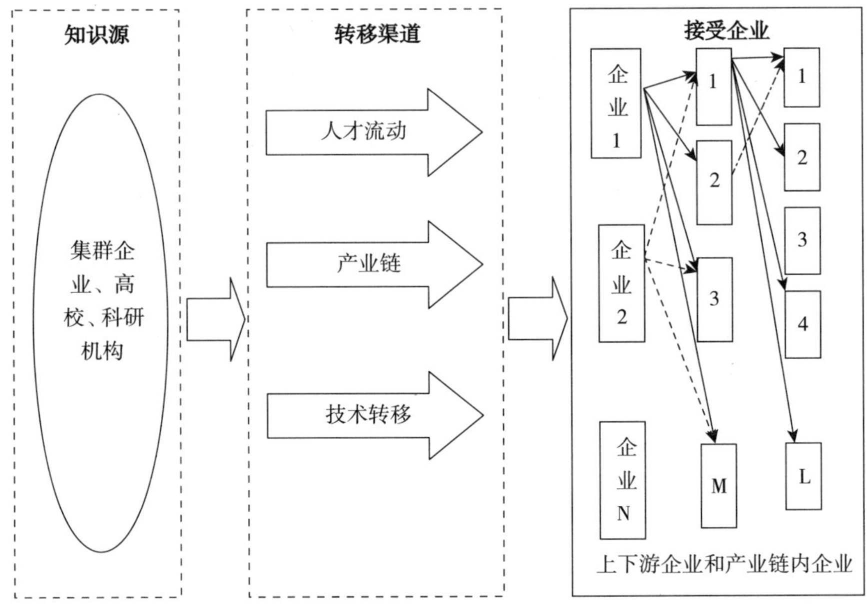

图 3-3　集群的知识转移机制

在集群中，集群成员可以通过合作生产、产品销售、技术培训与技术服务等方式转移知识。魏江和叶波（2002）[①] 提出，集群学习的一种就是集群产业链上下游企业间的学习，比如总装企业和零配件企业之间、印染企业和织造企业之间的集群学习等。在这一类集群学习中，集群成员之间共同进行技术和产品的研发。在研发后通过产业链进行知识的转移。在基于产业链的知识转移方式中，转移的主要知识类型是产品知识和技术知识。在产品生产链较长、生产技术较复杂的产业，一件产品的生产往往需要多家企业进行分工协作。在产品的生产过程中，各家企业的生产系统都要符合特定技术标准和规范，因此在产品的生产过程中就实现知识的转移。

在集群中，集群知识网络的成员可以通过技术转移的方式向其他集群成员进行知识转移，技术转移的方式既可以是出售技术专利、技术资料，也可以是成型产品的转让等方式。因此，在基于技术转移的知识转移方式中，转移的主要知识是技术知识、产品知识。

① 魏江，叶波．企业集群的创新集成：集群学习与挤压效应［J］．中国软科学，2002(12): 38-42.

3.4.4　集群学习的聚焦阶段和知识利用

在集群学习的聚焦阶段，集群知识网络成员之间进一步进行广泛的合作，进行技术的创新和产品研发。随着新产品的逐步推出，集群知识网络成员开始从探索型学习转向利用型学习。在集群学习中，集群企业的知识利用是其利用从外部网络获得的新知识进行探索型学习和利用型学习的过程。

当然，集群企业可以同时运用利用型学习和探索型学习，两者是互补而非彼此排斥的关系。实际上，丰田公司就同时进行利用型学习和探索型学习，并成功实现了学习的低成本和卓越效果。一方面，利用型学习使丰田公司的学习曲线成本降低；另一方面，探索型学习使丰田公司能不断地推出新产品和不断创新（Knott，2003）①。

① A. M. Knott. Exploration and Exploitation as Complements. In N. Bontis (Ed.), The Strategic Management of Intellectual Capital and Organizational Knowledge [M]. Oxford: Oxford University Press, 2003.

第4章 集群知识网络相关关系模型构建及假设

第3章揭示了知识资源是影响集群技术升级的关键因素，分析了知识资源的类型、特点，阐明了知识资源的载体——集群知识网络的构成问题，并分析了集群学习的构成，构建了基于集群学习的集群企业成长机理模型。本章将继续研究集群知识网络对集群企业成长的影响机理。首先综合集群知识网络整体结构、网络成员的结构对等性、网络成员的知识差距等视角构建集群知识网络、集群学习和集群企业成长的关系模型；其次分别建立集群知识网络、集群企业成长与集群企业知识获取、知识转移和知识利用的关系模型，并提出相关的假设。

4.1 集群知识网络、集群学习与集群企业成长的关系模型

集群企业知识网络的整体结构嵌入对新知识的获取、转移和利用有重要影响。对集群知识网络的研究已经证实了集群企业之间的关系强度、集群知识网络的密度会影响知识的共享等行为，但对网络开放性、结构对等性等结构变量对集群学习各阶段的动态影响尚未开展深入研究。在社会网络分析中，社会位置是一个独特的研究领域。社会位置的特点在于，虽然社会位置

只有在连接行动者之间的特定关系上是明显的，但是社会位置却不能还原为具体的关系。它们涉及的关系比较持久，这些关系会随着时间的推移而再生产出来（Scott，2007）①。Burt（1982）和 Sailer（1978）都明确指出，社会位置被一些行动者占据，从他们彼此之间的关系来看，这些行动者都可以相互替代。在一些重要的方面，他们可以互换。如果说一个网络中的两个或两个以上的成员受到相同的关系制约，那么可以认为他们具有结构对等性。在集群知识网络中，结构对等的集群企业在知识网络中扮演着相同的角色，或者与占据其他位置的集群企业保持相同的联系，这会对集群企业在集群学习中的知识获取、转移和利用行为产生重要影响。在集群知识网络的环境下，集群企业的成长更要关注集群网络的整体以及彼此之间的位置。因此，本书注重网络的整体结构变量、结构对等性等位置变量对集群学习行为的影响，将网络开放性、网络密度等整体结构变量和结构对等性作为自变量，而没有将研究较多的关系强度作为自变量。

社会网络分析注重网络成员之间的关系，关注关系模式对网络成员行为的影响。但是，我们认为，集群企业的特质以及集群企业之间的差异也会影响集群企业的行为。具体到网络学习行为来说，集群知识网络成员间的知识差距会对集群企业的知识获取、转移和利用等行为产生深远的影响。知识差距（Knowledge Distance）也称为知识距离，它是指知识源与知识接受者拥有知识的差异程度。由此，本书将知识差距作为集群知识网络、集群学习与集群企业成长关系模型中的自变量之一。

在对集群学习的研究中，学者们已经认识到集群内部的集体学习中存在知识的溢出，以及集群企业的恶意模仿现象。为解决这一问题，学者们提出了建立专利保护制度、知识产权保护制度、设计利益机制（魏江，2003），培育人际信任和信誉（Freeman，1991）② 等方法。笔者认为，这些方法都属于网络关系治理机制的范畴，良好的网络关系治理机制会在很大程度上推动集群企业的集体学习，带来集群企业的长期整体创新成长。网络关系治理是治理

① John Scott. 社会网络分析法［M］. 刘军，译. 重庆：重庆大学出版社，2007.

② C. Freeman. Networks of Innovators: A Synthesis of Research Issues [J]. Research Policy, 1991, 20: 499-514.

集群知识网络的规则，它会调节集群知识网络与知识获取、转移和利用之间的关系。在集群企业的跨网络学习中同样需要建立网络关系治理机制。单个或少数几个集群企业的先导式创新，会因为其他集群企业的主动模仿、集群地理集聚带来的知识溢出，而促进整个集群的技术升级，实现集群企业的短期整体创新成长。然而，由单个或少数几个网络成员的先导式创新带动的集群企业成长，会降低先导企业对创新知识的独占性（Appropriability）价值，降低其创新意愿，导致"劣币驱除良币"现象，最终制约集群企业的整体成长。总之，集群学习需要建立一套完善的集群关系治理规则。基于这一考虑，本书将集群知识网络的关系治理作为调节变量纳入模型。

由此，本书提出集群知识网络影响集群企业成长的概念模型（见图4-1）。下面将分别从知识获取、知识转移和知识利用三个方面具体探讨集群知识网络对企业创新成长的影响机理。

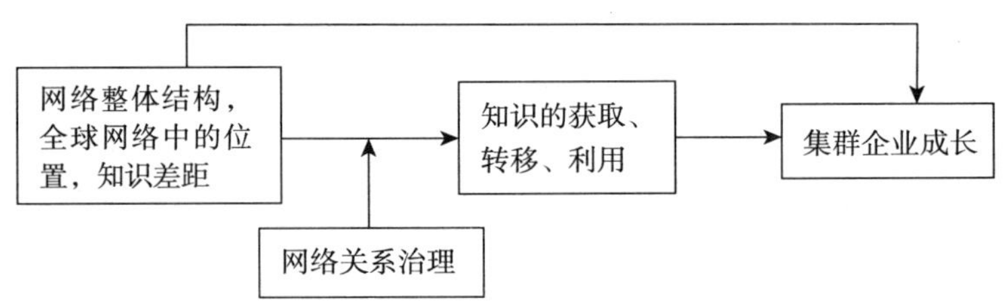

图 4-1　集群知识网络影响集群企业成长的概念模型

4.2　集群知识网络、知识获取与集群企业成长的关系模型

在集群知识网络中，知识获取是集群企业根据集群升级的要求搜索和寻找创新性知识的源泉，确定知识所在地，通过各种知识获取机制获得、理解、内化创新性知识的过程。

集群企业在获得知识的时候，受到两种关键因素的影响：战略远见和吸收能力。战略远见会对集群企业的知识获得意愿和获得方向产生重要影响。而吸收能力会影响集群企业能否很好地理解、内化所接触到的知识。

本书在第 3 章中已经提出，在集群的升级阶段，集群企业关键是要进行跨网络学习。在进行跨网络学习时，集群企业首先需要知道企业自身与产业界最前沿的技术、方法的差距，掌握最前沿的技术发展动向，并明确创新成长所需的知识来源，然后与领先的企业或机构建立各种合作、联盟机制，获得知识。这些都取决于集群企业的战略远见。

Leonard 和 Barton（1995）等知识基础观学者认为，企业从外部获取知识的过程是企业在现有知识基础上的探索。由于知识的特殊性和异质性，外部知识很可能与企业已拥有的内部知识存在不同。如果企业获取的外部知识与企业内部已拥有的知识基础不同，就会影响企业对外部知识的理解和吸收，妨碍组织对知识的复制和转化（Szulanski, 1996）。对于集群企业而言，跨网络学习的目的是获得目前所缺乏的新技术、新观念等新知识，这些知识必然与企业当前拥有的知识有较大不同，其复杂性要高于当前的知识。因此，集群企业对新知识的吸收能力是影响知识获取的一个关键因素。只有当集群企业透彻理解这些知识，才可能内部化吸收它们，从而促进技术创新和升级。

因此，笔者进一步提出了集群知识网络、知识获取与集群企业成长的关系模型（见图 4-2）。下面将具体提出该关系模型中的一些重要假设。

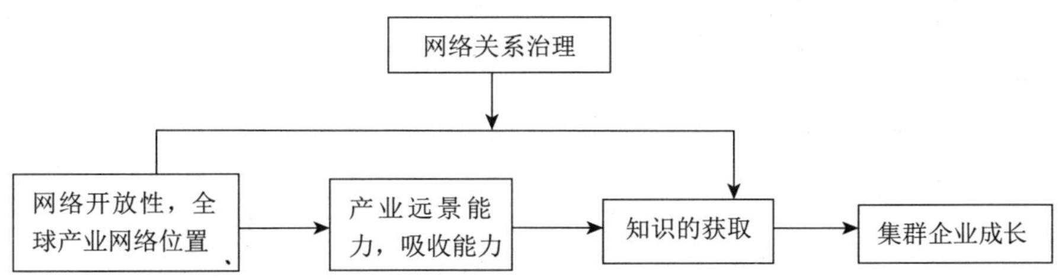

图 4-2　集群知识网络、知识获取和集群企业成长的关系模型

4.2.1　集群企业的知识获取对集群企业成长的直接作用

知识是企业成长的重要来源。企业的本质是集体知识，企业成长则表现为企业知识的不断积累应用（Kogut & Zander，1992，1996；Spende，1996）。在集群升级阶段，集群企业从外部网络获得创新性的知识，可以推动集群企业的成长。基于上述分析，笔者提出如下假设：

假设 1：集群企业获得的新知识越多，集群企业的成长性越好。

4.2.2 集群知识网络对集群企业知识获取的直接作用

李天柱等（2010）① 对世界生物技术产业集群的持续创新网络研究发现，只有科研机构密集、基础研究水平高的集群，才具备形成持续创新能力的基础；专家型公司是发现新知识和创造新技术的主体，集群核心企业则为新技术的商业化提供需要的管理能力、资金、生产和营销网络等资源。

我国不少集群的产生都源自具有地方特色的区域，这些区域具有专业文化，但集群内或集群附近并不一定存在大学、科研机构，也没有专家型公司。这是我国地方产业集群的一个典型特点。克服这一弊端的主要方式是通过加大集群知识网络的开放性来引入新知识、新技术或其载体。吴波、贾生华（2009）② 的研究发现，网络开放为集群企业提供了多元化的新知识。网络开放性越强，其越可能获得异质性的知识。网络开放性对集群企业新知识获取的影响机制表现在以下几个方面：一是通过与集群外的科研机构进行产学研合作，通过共同研发、合作组建实验室等方式引入新技术源；二是引进技术人员，通过合资、技术入股等方式与集群核心企业共同进行创新；三是与集群外技术更先进的企业组建联盟等方式获得新知识、新技术。总之，集群知识网络的开放性越强，越容易获得外部知识。基于上述分析，笔者提出如下假设：

假设 2：集群知识网络的开放性越大，集群企业获得的新知识越多。

在全球产业网络中，中心位置的占据者一般为该产业的领导者，他们可能在产业远见、生产技术、经营管理等方面要更胜一筹，因此具有更高的市场地位。

在社会网络理论中，网络位置的中心度可通过一个地位次序来反映，越靠近中心位置的组织，其市场绩效可能会越好。因此，网络中的中心位置具有一种信号属性。在集群知识网络中，处于边缘位置的集群企业可能会采取各种策略（如联盟、交易等），试图与更高地位的企业建立联系，从而提高其网络位置。集群企业在全球产业网络位置越接近中心位置，越有可能获得产

① 李天柱等. 生物技术产业集群持续创新网络及其启示［J］. 研究发展管理，2010(3): 1-10.
② 吴波，贾生华. 网络开放、战略先行与集群企业吸收能力构建［J］. 科学学研究，2009(12): 1845-1855.

业领先者在产业发展、技术等方面的知识，从而摆脱当地网络的局限，实现企业的新一轮成长和集群升级。由此，笔者提出以下假设：

假设 3：集群企业在全球产业网络中的中心性越高，获取的新知识越多。

4.2.3　吸收能力在集群知识网络对集群企业知识获取影响中的中介作用

在知识获取影响因素的已有研究中，Lane、Salk 和 Lyles（2001）研究了吸收能力对知识获取的影响。知识吸收是理解和解释知识的过程（张毅、张子刚，2005）①。对于吸收能力形成的影响因素的研究，学者们大致有以下两种观点：一是认为内部创新是影响企业吸收能力形成的关键因素，二是外部网络是影响企业吸收能力形成的关键因素。持第一种观点的学者认为，企业的研发投入、人力资本储备等因素会在很大程度上影响企业内部的创新行为及其持续性，从而决定企业的知识吸收，进而影响企业吸收能力的形成。持第二种观点的学者认为，企业嵌入网络的模式会影响企业成长所需的新知识，从而影响企业从外界吸收知识的行为，进而影响企业吸收能力的形成②③。例如，吴波、贾生华（2009）④认为，网络开放会给集群企业带来多元化的新知识，从而丰富了集群企业的知识吸收经验。对集群企业而言，外部知识网络的开放性越强，知识网络成员在全球网络中的位置越靠近中心位置，它们接触外界知识源的机会就会越多。与外界知识源接触的机会越多，集群知识网络成员就越容易触发知识吸收行为。而随着知识吸收的经验越来越丰富，集群企业就越容易形成知识吸收的惯例，即吸收能力。由此，笔者提出如下假设：

假设 4：集群企业的吸收能力在知识网络的开放性与知识获取之间存在中介作用。

---

① 张毅，张子刚．企业网络组织间学习过程的二维模型［J］．科学学与科学技术管理，2005(9): 67-71.

② K. M. Eisenhardt，J. A. Martin. Dynamic Capabilities: What are They? [J]. Strategic Management Journal, 2000, 2l(10/11): 1105-1121.

③ M. Zollo, S. G. Winter. Deliberate Learning and the Evolution of Dynamic Apabilities [J]. Organization Science, 2002, 13(3): 339-351.

④ 吴波，贾生华．网络开放、战略先行与集群企业吸收能力构建［J］．科学学研究，2009(12): 1845-1855.

假设5：集群企业的吸收能力在其所处的全球产业网络位置与知识获取之间存在中介作用。

4.2.4 产业远景能力在集群知识网络对集群企业知识获取影响中的中介作用

产业远景能力指的是建立与产业及其可能演化的有效观点时的管理技巧和技能。产业远景能力是发觉产业机会不可缺少的战略能力。产业远景能力与组织学习变量密切相关，它可通过组织系统的分析、评估与企业现在和未来运作发展有关的不同网络的信息而得到体现。由于网络的高度隐晦性，网络知识的产生并不是没有问题的。一般来说，只有参与网络活动或通过与网络中其他有密切关系的行动者的交流才能产生或获取深层次的信息和知识（Dubois，1998）[①]。产业远景能力可使企业发现产业升级的方向，以及如何融合全球产业网络，消除企业“锁定”于地方网络可能带来的负面效应。发展企业的网络远景能力有助于企业更好地预见竞争对手、顾客、供应商等相关行为者影响企业自身战略的变化，有利于企业提前对产业趋势进行分析评价，掌握战略主动。并且，企业的产业远景能力越强，企业预测特定行动者的行动所带来的反应能力就越强、越准确。由此，笔者提出如下假设：

假设6：集群企业的产业远景能力在知识网络的开放性与知识获取之间存在中介作用。

假设7：集群企业的产业远景能力在其所处的全球产业网络位置与知识获取之间存在中介作用。

4.2.5 集群知识网络的关系治理在知识网络与知识获取间的调节作用

组织间交易（尤其是那些重复的交易）通常是嵌入于社会关系的。与正式契约相比，基于社会关系中的价值观和认同过程的关系治理能最小化交易成本（Dyer, 1996; Dyer & Singh, 1998）。关系治理是基于关系性规范或规则的

---

① A. Dubois. Organizing Industrial Activities across Firm Boundaries. Routledge, London, 1998.

治理。在关系治理的交易中，义务、承诺和预期是通过社会过程来执行的，而这些社会过程又促进了灵活性的规范、团结（Solidarity）的规范和信息交换的规范。灵活性或柔性、团结、信息交换是最典型的三种关系规范或规则。通过这些社会过程，以及由此带来的规范，关系治理能减缓正式契约带来的精确的交易风险，即与交易特定资产投资相关的风险、衡量困难的风险和技术不确定性的风险。作为一种内生的机制，关系治理可以通过嵌入社会环境的私人和公共信息流来治理交易。很多时候，关系治理比采取合同或第三方强制执行更有力度。

交易成本理论认为，如果交易伙伴形成了对未来收益的共同预期，交易伙伴将倾向于建立长期的交易关系。因此，在企业间对未来具有共同发展预期时，关系治理将是一种有效的治理机制。车维汉（2004）① 对日本汽车产业的研究发现，日本经济进入长期萧条以来，日本企业对经济前景变得悲观。此时，由于交易主体间已不能对增长预期达成一致，新增关系性投资所能获得的关系性准租金开始减少，关系治理机制的功能便发生了逆转。袁静和毛蕴诗（2007）② 提出，关系治理会阻碍外部知识，尤其是创新性技术知识的获取。企业的创新将面临来自多个方面的高不确定性，包括未来需求的不确定性、技术方案的可行性和经济效益的不确定性等。此外，在创新初期，往往缺乏统一的标准，存在多种不同的技术方案，企业需要综合比较各种方案的优劣，尽可能地降低研发失败的风险。在这种情况下，通过较强的关系治理机制来治理创新活动是不适合的，关系网络外部的创新来源很容易被忽视，从而降低了信息来源的数量。因此，笔者认为，集群企业在通过外部网络获得知识的过程中，关系治理会负向调节知识网络的开放性与知识获取的关系，也会负向调节知识网络成员在全球网络中的位置与知识获取之间的关系。由此，笔者提出如下假设：

假设 8：集群知识网络的关系治理负向调节了知识网络的开放性与知识获取之间的关系。

---

① 车维汉. 日本企业间长期连续性交易的治理结构分析［J］. 东北亚论坛，2004（6）.

② 袁静，毛蕴诗. 垂直企业间关系治理与日本汽车企业的筹供策略变革［J］. 中大管理研究，2007(1): 1-11.

假设 9：集群知识网络的关系治理负向调节了集群企业在全球产业网络位置与知识获取之间的关系。

4.3 集群知识网络、知识转移与集群企业成长的关系模型

集群知识网络成员之间的知识转移，实际上是集群知识网络成员之间的一种集体学习过程，也是集群知识网络成员间的知识共享、知识传递的过程。在这一过程中，集群知识网络成员需要充分理解知识、吸收知识，对知识进行有效的传递。因此，网络密度、结构对等性和知识差距等变量会影响知识转移的效果。其影响路径主要有两条：一是影响知识的默会性程度，降低知识嵌入性对知识转移的影响；二是影响集群成员的吸收能力，通过影响集群成员对知识的理解，从而对知识的转移产生影响。

因此，笔者进一步提出了集群知识网络、知识转移与集群企业成长的关系模型（见图 4-3）。下面将具体提出该关系模型中的一些重要假设。

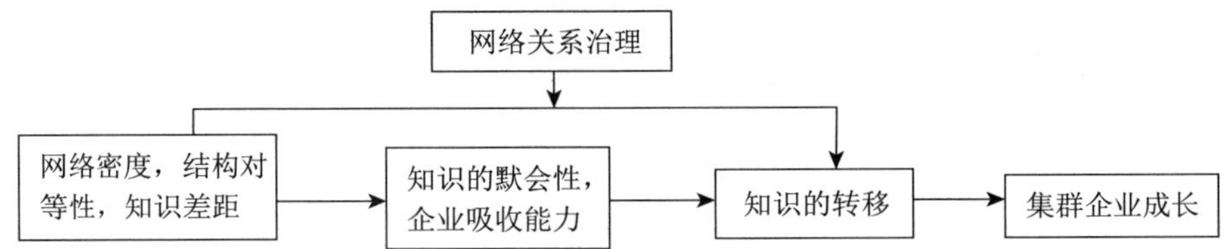

图 4-3 集群知识网络、知识转移和集群企业成长的关系模型

4.3.1 集群知识转移对集群企业成长的直接作用

Freeman（1991）的研究发现，集群内部的知识溢出效应是促进集群创新网络发展和集群经济增长的最根本动因，是集群创新产出和生产率提高的源泉。Jaffe 和 Henderson（1993）[①] 也指出，R&D 的溢出效应对集群的发展起着重要作用。集群中的领先企业在获得全球产业网络的新知识后，与集群内部

① A. Jaffe, M. Trajtenberg, R. G. Henderson. Geographic Locationlisation of Knowledge Spillovers as Evidenced by Patent Citations [J]. Quarterly Journal of Economics, 1993, 108(3): 577-598.

成员进行知识分享，共同协作，实现知识的转移，能促进集群中大多数企业的成长。基于上述分析，笔者提出如下假设：

假设 10：集群知识网络的知识转移效果越好，集群企业的成长性越好。

4.3.2　集群知识网络对集群企业知识转移的直接作用

网络密度是衡量网络整体（或网络内某一个局部子网络）内部成员的发生相互联系的密集程度。在社会网络中，经常用网络内实际发生的联系数量与可能发生的最多联系数量的比值来表示网络密度。网络密度反映了一个网络凝聚力的总体水平。网络密度会影响知识的可获得性。网络密度越大，越有利于技术、诀窍等信息在集群知识网络内的传播，有利于新知识的产生和获取。Burt（2000）认为，网络密度越大，越容易在网络中观察到其他成员的行为，越能有效地防止机会主义行为，增加彼此间的信任。在企业间层面，高网络密度将有助于形成企业间的信任，进而推动企业做出更大的关系专用性投资，降低监督成本，增加企业绩效（Zaheer & Venkatraman，1995）。此外，高密度网络会产生大量的企业间相互联系，并推动大量信息和资源在网络内快速流动。在高密度网络中，企业间行为将会受到网络成员更多的影响。Grannovetter（1985）的研究发现，在高密度网络中，企业的违规行为不仅更容易被发现，而且更容易受到网络中其他企业的制裁。因此，高密度网络会放大制裁的效果，能有效地防范知识转移中的机会主义行为，促进知识的沟通和转移。由此，笔者提出以下假设：

假设 11：集群知识网络的密度越大，知识转移效果越好。

结构对等的集群企业在集群中将具有相似的社会地位，承担类似的角色，因此结构对等的集群企业之间更容易在价值观、组织文化、管理方法等方面形成认同，而集群企业之间的彼此认同使集群企业更容易形成学习动机，从而促进知识的转移。在对国际合资企业的知识转移研究中，Chidl 和 Rdoriuges（1996）发现，如果合资双方的社会地位比较接近，知识的转移将更加顺畅。此外，结构对等的集群企业之间可能会采取相似的竞争战略。Cummnigs 认为，采取相似竞争战略的企业会主动观察和模仿对方。因此，如果竞争战略相似的两家企业间进行合作，将会产生较多的知识转移。Darr

的研究证实了这一结论。徐龙顺等（2008）① 对集群创新网络的研究发现，当处于结构对等位置上的集群企业，彼此间关注程度会比较高，而且易于以相似的方式思考和行动，这样就加快了新产品、新工艺和新管理方式的知识和信息在彼此之间流动的速度。Buam 和 Bert 通过研究发现，处于同一战略集团（Strategic Group）的企业更喜欢模仿和学习战略集团内的其他企业，有相似或共同发展经历的企业间会有更多的知识流动。由此，笔者提出以下假设：

假设 12：集群知识网络的结构对等性越强，知识转移效果越好。

知识差距是知识源与知识接受者拥有知识的差异程度。知识差距表现在两个方面：一是知识内容的差距，即知识的异质性程度；二是知识数量的差距。知识内容的异质性越高，越有利于创新知识的获取。而知识网络成员间的知识数量差距越大，彼此进行合作创新所产生新知识的难度越大。因此，知识数量差距不利于集群企业获得新的知识。Giuliani 认为，企业知识基础的差异性使集群内知识的传播不均匀，而且企业间的学习也是有选择性的。其他学者的研究也发现，知识转移双方如果拥有的知识重叠越多越利于知识转移，知识转移双方的知识和技能差距会对知识转移结果带来负面影响。由此，笔者提出以下假设：

假设 13：集群知识网络成员间的知识差距越大，知识转移效果越差。

4.3.3 知识默会性在集群知识网络与知识转移间的中介作用

知识的转移是通过载体之间的流动实现的。集群升级所需的知识往往以某种载体的形式存在。Argote 和 Ingram 认为，组织内的知识通常嵌入于三种基本要素：人员，工具、技术和任务，以及惯例。但是，一些复杂的知识会嵌入于前两种要素相互交织、相互作用而形成的网络。笔者认为，集群升级所需的部分构成较简单的创新性知识可能嵌入于全球产业网络中的专家脑海、显性技术文档、操作流程，而部分构成复杂的知识可能会嵌入于各种载体交织在一起的人际关系网络。在知识管理的理论中，一般用知识的默会

① 徐龙顺，邵云飞，唐小我等. 集群创新网络结构对等性及其对创新的影响［J］. 软科学，2008 (7): 35-40.

性来反映知识嵌入载体的复杂程度。默会性越强的知识，越难以编码，并且不易表达、难以传授。首先，默会知识具有难以编码性。一般来说，显性知识可以通过语言、文字、符号等形式进行编码，因此可以通过各种传播介质进行扩散或转移，而默会知识由于很难编码则不易传播。其次，默会知识具有不易表达性。默会知识很难通过文字、声音、图像等来准确表达其本质。人们只能通过切身的感觉和接触才能慢慢把握默会知识的精髓。最后，默会知识具有难以传授性。由于默会知识的不可编码性和不易表达性，人们通常需要花费很长时间去慢慢体会默会知识的真正含义。因此，在短期内转移这些知识将难以实现。总之，知识的默会性越强，它就越难以传授，越难以编码，也就越难以转移。由此，笔者提出以下假设：

假设 14：知识默会性在集群知识网络的密度与成功的知识转移之间存在中介作用。

假设 15：知识默会性在集群知识网络的结构对等性与成功的知识转移之间存在中介作用。

假设 16：知识默会性在集群知识网络成员间的知识差距与成功的知识转移之间存在中介作用。

4.3.4 吸收能力在集群知识网络与知识转移间的中介作用

对集群学习的研究发现，虽然集群中的知识资源在一定程度上是一种“俱乐部物品”，但是集群中知识的流动具有选择性和不对称性特征，产业集群内企业间的知识流动通常局限于集群的子集中。虽然集群企业整体是知识网络中的重要节点，但并非每个集群企业都能均等地获得产业集群拥有的知识等网络资源。其中一个很重要的原因在于各个集群企业占有、获取集群网络资源的能力不同。吸收能力就是指这样一种非常重要的能力。Cohen 和 Lenvinthal（1990）[①] 提出，吸收能力主要由企业以前的相关知识（Prior Related Knowledge）构成。新知识的开发往往遵循学习和路径依赖的机制，即个体原

① W. M. Cohen & D. A. Levinthal. Absorptive Capacity: A New Perspective on Learning and Innovation [J]. Administrative Science Quarterly, 1990(35): 128-152.

有的知识对学习新的相关知识是有利的。有学者对人类记忆力开发的研究也发现，已积累的相关知识既能增强人们记忆新知识的能力，又能提高其利用这些知识的能力。也就是说，记忆力的开发具有自增强功能，存储在记忆之中的事物、概念越多，人们就越容易获得新的知识，也更容易在新的领域利用新知识。在集群知识网络中，网络的密度越大、知识差距越小、结构对等性越强，集群企业的知识吸收行为会越频繁，对集群知识网络中的知识也会越容易理解，从而提升集群企业的知识吸收能力，并推动集群成员之间的知识转移。由此，笔者提出如下假设：

假设 17：集群企业的吸收能力在知识网络的密度与知识转移之间存在中介作用。

假设 18：集群企业的吸收能力在知识网络的结构对等性与知识转移之间存在中介作用。

假设 19：集群企业的吸收能力在知识网络成员的知识差距与知识转移之间存在中介作用。

4.3.5 集群知识网络的关系治理在集群知识网络与知识转移间的调节作用

从集群整体的优势来看，为了提高知识溢出的效应和知识资源的可转移性，应该尽可能地降低知识系统的专用性，让集群内更多的组织能获得集群共有的知识资源。然而，对于单个集群企业来说，知识转移的行为是企业进行成本收益分析的理性结果。因此，网络的关系治理规范将在很大程度上影响知识转移的效果。Hamel、Prahalad 和 Doz（1990）分析了学习意图、知识保护和学习能力三个方面对知识获取的影响。网络中一旦形成共同行为规范，将促进网络成员间的互相理解，降低企业的行为被其他网络成员误解的可能性（Dyer & Nobeoka，2000；Ahuja，2000；Gulati，1995）。反过来，这降低了相互破坏性的竞争行为的可能性（Zaheer & Bell，2005）[①]。由此，笔者

① Bell, Zaheer. Benefiting from Network Position: Firm Capabilities, Structural Holes and Performance [J]. Strategic Management Journal, 2005, 26: 809-825.

提出如下假设：

假设 20：集群知识网络的关系治理正向调节了知识网络的密度与知识转移之间的关系。

假设 21：集群知识网络的关系治理正向调节了知识网络的结构对等性与知识转移之间的关系。

假设 22：集群知识网络的关系治理负向调节了知识网络成员的知识差距与知识转移之间的关系。

4.4　集群知识网络、知识利用与集群企业成长的关系模型

知识利用是指企业将从外部获得的知识和已整合的知识利用于企业运作的过程。知识利用的效果越好，说明企业将从外部获得的知识应用于生产运作的能力越强（Tiemessen et al.，1997；Van den Bosch，1999）。在集群升级阶段，集群企业的知识利用是一种利用新知识进行探索型学习和利用型学习的过程。在经过第一阶段的探索型学习，进行产品创新、工艺创新后，需要不断进行知识的精练，通过合作来利用现有知识（利用旧经验）。在集群企业间的集体学习中，知识的利用不仅包括集群企业在企业内部利用知识的过程，还包括其与集群网络成员互动中的知识利用。因此，知识的利用不仅反映了集群企业将从外部获得的知识应用于企业内部生产运作的能力，而且反映了集群企业与其他知识网络成员共同进行探索型学习和利用型学习的能力。

从集群生命周期来看，在集群升级阶段，集群似乎进入了一个新生命周期的起步阶段（Origination）。在这一个阶段，网络的闭合性会降低集群企业间进行探索型学习和利用型学习的不确定性，减少集群内学习的交易成本。网络的密度会在很大程度上影响知识的利用。知识差距也是影响知识利用的重要因素。集群企业在获取和转移知识后，其他集群企业由于知识存量的内容和数量上存在差距，可能对于新知识的应用前景、风险并不十分了解，由此带来了认知的冲突，并影响合作的善意，进而影响新知识在集群中的利用。基于以上分析，笔者提出了如图 4-4 所示的集群知识网络、知识利用和

集群企业成长的关系模型。

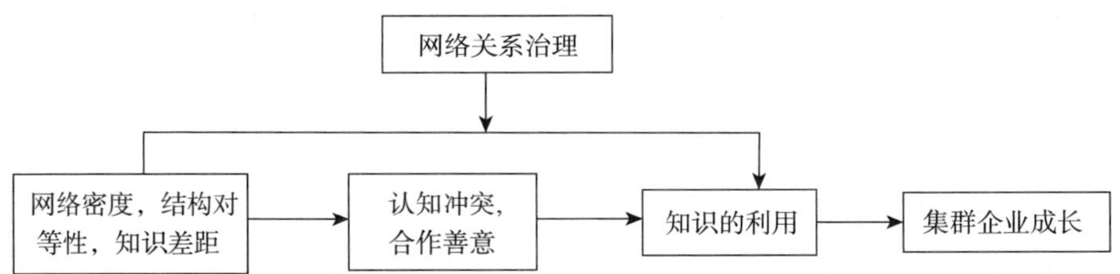

图 4-4　集群知识网络、知识利用和集群企业成长的关系模型

4.4.1　集群知识利用对集群企业成长的直接作用

我国集群企业在通过跨网络学习进行技术升级的时候，会遭受外部更高层网络或网络成员的打压。全球产业链中位置更高、位于核心位置的成员或其网络通常只能接受中国企业在工艺升级、产品升级、功能升级等方面进行局部的改良。此外，虽然工艺、技术和产品等升级都可以通过集群知识网络完成，但高端客户关系资源、知识信息和品牌声誉等软性要素更难以突破和解决（赖红波、王建玲，2012）[①]。

因此，企业在获取外部新知识后，必须要结合自己对市场、客户需求的理解，根据企业的实际，进行探索型学习，开展技术创新、产品创新、管理创新。此外，知识的利用型学习能降低新产品的成本，这有利于集群企业的技术升级，从而促进整个集群竞争力的提升。基于上述分析，笔者提出如下假设：

假设 23：集群知识网络的知识利用效果越好，集群企业的成长性越好。

4.4.2　集群知识网络对集群企业知识利用的直接作用

集群企业之间的密切合作有利于知识的利用。高密度网络会产生大量的企业间相互联系，并推动大量信息和资源在网络内快速流动。在高密度网络中，企业间行为将会受到网络成员更多的影响。Grannovetter（1985）的研究

① 赖红波，王建玲. 基于社会网和价值网互动视角的本土企业高端突破研究——以集群网络内企业为例［J］. 软科学，2012(5): 118-123.

发现，在高密度网络中，企业的违规行为不仅更容易被发现，而且更容易受到网络中其他企业的制裁。因此，在高密度网络中，集群知识网络成员之间的信息沟通将更为顺畅。由于高密度网络会放大制裁效果，网络成员的机会主义行为将受到更大的抑制。基于上述分析，笔者提出如下假设：

假设 24：集群知识网络的密度越大，知识利用效果越好。

在集群知识网络中，结构对等性越低，占据了核心地位的集群核心企业越不用担心技术的溢出，因此也更有动机去进行探索型学习和利用型学习。另外，结构对等性越低，越有利于核心企业进行主导式集群的探索型学习和利用型学习。当然，结构对等性低，可能会影响低地位集群企业利用型学习的意愿，因为低结构对等性带来了信息的传递效率降低，以及关系距离的疏远，不利于知识的利用，导致产品的开发和商业化受阻。从这一角度来看，结构对等性可能会在一定程度上妨碍知识的利用。基于以上分析，笔者提出以下假设：

假设 25a：集群知识网络的结构对等性越高，知识利用效果越好。

假设 25b：集群知识网络的结构对等性越低，知识利用效果越差。

如果说结构对等性反映了网络结构中的位置差异对知识利用行为的影响，知识差距则是网络成员个体的知识基础对知识获取行为的影响。集群知识网络成员间的知识差距越大，其对知识利用的方向、方式就越可能存在不同的认知，从而影响知识利用的效果。由此，笔者提出以下假设：

假设 26：集群知识网络成员间的知识差距大，知识利用效果越差。

4.4.3　认知冲突在集群知识网络对知识利用影响中的中介作用

认知冲突是由决策双方产生不同意见引起的，是一种与任务相关的冲突。一般而言，认知冲突有助于改善组织绩效。但是，认知冲突对组织绩效的作用往往是有条件的，其中文化的接受即是前提条件之一。中国文化背景下的企业组织不太认同冲突的意义，当面临冲突时，也倾向于通过回避、对抗或采取折中的方式来解决问题（Ting-Toomey et al., 1991）。因此，集群知识网络成员间的认知冲突会影响组织间的沟通顺畅，提高组织间合作的不确定性，不利于双方及时了解对方的关切与变化，容易产生误判，进而影响到知识利用。

基于上述分析，笔者提出如下假设：

假设 27：集群知识网络成员的认知冲突在知识网络的密度与知识利用之间存在中介作用。

假设 28：集群知识网络成员的认知冲突在知识网络的结构对等性与知识利用之间存在中介作用。

假设 29：集群知识网络成员的认知冲突在知识网络成员的知识差距与知识利用之间存在中介作用。

4.4.4 合作善意在集群知识网络对知识利用影响中的中介作用

合作善意主要来自两个方面：一是组织之间的长期互动。在组织之间的互动过程中，如果一方能够充分并反复地确认另一方可信，会对受信方产生情感上依附（Rousseau et al., 1998）。二是在合作开始时，双方对彼此的第一手资料和信息都缺乏，但会因为彼此的认同而产生一种亲切感。

Mayer 等（1995）在分析施信方的期望及承担风险的意愿时，提出信任是施信方期望受信方会做出对己方有利行动，在不考虑自身监控对方行为能力的情况下，而承受被受信方伤害之可能的意愿。他们在研究个人层面信任时提出“Benevolence”这个构念，并将其定义为，“受信方被认为能够考虑和实现施信方利益的程度，而不是一味采取利己的行为”。因此，本书采用“合作善意”这个构念，其定义为由于集群知识网络成员之间的亲密关系，双方在集群学习中做出有益于其他成员利益的程度。集群知识网络的密度越大，集群成员对彼此了解越深入，能够推动合作善意的形成。集群知识网络的结构对等性越强，集群成员的战略相似性、社会地位越接近，会促进合作善意的形成。集群知识网络成员间的知识差距越大，说明集群的结构越倾向于核心—边缘结构，集群网络的结构中心度越大，从而有助于网络核心成员与其他成员建立长期的互动关系，推动合作善意的形成。而具有合作善意的集群知识网络成员，会做出有利于其他成员的行为，从而促进知识的利用。基于上述分析，笔者提出如下假设：

假设 30：集群知识网络成员的合作善意在知识网络的密度与知识利用之间存在中介作用。

假设 31：集群知识网络成员的合作善意在知识网络的结构对等性与知识利用之间存在中介作用。

假设 32：集群知识网络成员的合作善意在知识网络成员间的知识差距与知识利用之间存在中介作用。

4.4.5　集群知识网络的关系治理在集群知识网络与知识利用间的调节作用

创新存在外部性和不确定性。在集群中，集群成员之间地理位置邻近，经济社会关系也较为紧密，因此企业的核心知识很容易被其他企业模仿。然而，这种由知识过度模仿带来的外部不经济会产生负向激励，影响集群企业的创新积极性（李文博等，2011）[①]。因此，在集群知识网络成员利用知识的过程中，有必要构建关系治理机制。魏江等（2010）[②] 从治理主体的网络节点属性和网络关系类型两个维度把知识治理模式分为四大类：一是核心企业治理模式。在这一治理模式中，网络核心企业是治理的主体。网络中的核心企业与其他企业签订合作的协议，防止核心知识溢出。二是行业协会治理模式。在这一治理模式中，行业协会是治理的主体。集群的行业协会可以制定《行业基本公约》，对网络中知识侵权、恶性竞争等行为进行制裁。三是交叉许可联盟模式。这一治理模式依赖于集群知识网络成员的共同治理。集群知识网络成员通过交叉许可实现了对知识资产的保护。四是共同治理模式。这一治理模式是一种多元治理，通常由集群企业共同发起，行业协会、政府部门、高等院校等全员参与治理。

在高密度的集群知识网络中，良好的关系治理规范会提高集群成员间的知识利用效果，改善结构对等性成员间的知识利用效果，并削弱知识网络成

① 李文博等．集群情景下企业知识网络演化的关键影响因素［J］．研究发展管理，2011(6): 17-26.

② 魏江等．基于集群治理的产业集群内企业知识资产保护模式研究［J］．科学学研究，2010, 28(9): 1354-1360.

员间的知识差距对知识利用的负面影响。由此，笔者提出如下假设：

假设 33：集群知识网络的关系治理正向调节了知识网络的密度与知识利用之间的关系。

假设 34：集群知识网络的关系治理正向调节了知识网络的结构对等性与知识利用之间的关系。

假设 35：集群知识网络的关系治理负向调节了知识网络成员间的知识差距与知识利用之间的关系。

4.5 研究假设汇总

基于以上分析，本书经研究汇总得到关于集群知识网络、集群学习和集群企业成长关系模型的相关理论假设，如表 4-1 所示。

表 4-1 关于集群知识网络、集群学习和集群企业成长关系模型相关理论假设汇总

序号	具 体 内 容
H1	集群企业获得的新知识越多，集群企业的成长性越好
H2	集群知识网络的开放性越大，集群企业获得的新知识越多
H3	集群企业在全球产业网络中的中心性越高，获取的新知识越多
H4	集群企业的吸收能力在知识网络的开放性与知识获取之间存在中介作用
H5	集群企业的吸收能力在其所处的全球产业网络位置与知识获取之间存在中介作用
H6	集群企业的产业远景能力在知识网络的开放性与知识获取之间存在中介作用
H7	集群企业的产业远景能力在其所处的全球产业网络位置与知识获取之间存在中介作用
H8	集群知识网络的关系治理负向调节了知识网络的开放性与知识获取之间的关系
H9	集群知识网络的关系治理负向调节了集群企业在全球产业网络位置与知识获取之间的关系
H10	集群知识网络的知识转移效果越好，集群企业的成长性越好
H11	集群知识网络的密度越大，知识转移效果越好
H12	集群知识网络的结构对等性越强，知识转移效果越好

续表

序号	具 体 内 容
H13	集群知识网络成员间的知识差距越大，知识转移效果越差
H14	知识默会性在集群知识网络的密度与成功的知识转移之间存在中介作用
H15	知识默会性在集群知识网络的结构对等性与成功的知识转移之间存在中介作用
H16	知识默会性在集群知识网络成员间的知识差距与成功的知识转移之间存在中介作用
H17	集群企业的吸收能力在知识网络的密度与知识转移之间存在中介作用
H18	集群企业的吸收能力在知识网络的结构对等性与知识转移之间存在中介作用
H19	集群企业的吸收能力在知识网络成员的知识差距与知识转移之间存在中介作用
H20	集群知识网络的关系治理正向调节了知识网络的密度与知识转移之间的关系
H21	集群知识网络的关系治理正向调节了知识网络的结构对等性与知识转移之间的关系
H22	集群知识网络的关系治理负向调节了知识网络成员的知识差距与知识转移之间的关系
H23	集群知识网络的知识利用效果越好，集群企业的成长性越好
H24	集群知识网络的密度越大，知识利用效果越好
H25a	集群知识网络的结构对等性越高，知识利用效果越好
H25b	集群知识网络的结构对等性越低，知识利用效果越差
H26	集群知识网络成员间的知识差距越大，知识利用效果越差
H27	集群知识网络成员的认知冲突在知识网络的密度与知识利用之间存在中介作用
H28	集群知识网络成员的认知冲突在知识网络的结构对等性与知识利用之间存在中介作用
H29	集群知识网络成员的认知冲突在知识网络成员的知识差距与知识利用之间存在中介作用
H30	集群知识网络成员的合作善意在知识网络的密度与知识利用之间存在中介作用
H31	集群知识网络成员的合作善意在知识网络的结构对等性与知识利用之间存在中介作用
H32	集群知识网络成员的合作善意在知识网络成员间的知识差距与知识利用之间存在中介作用
H33	集群知识网络的关系治理正向调节了知识网络的密度与知识利用之间的关系
H34	集群知识网络的关系治理正向调节了知识网络的结构对等性与知识利用之间的关系
H35	集群知识网络的关系治理负向调节了知识网络成员的知识差距与知识利用之间的关系

第5章 研究方法

在社会科学研究中，二手数据和问卷调查是获得实证研究数据的两种重要方法。本书的研究对象是集群企业，由于很难取得系统的二手数据，因此将通过问卷调查的方式获得数据。本章主要从研究设计、问卷收集及变量的度量等几个方面对本书采用的研究方法进行详细阐述，并利用小样本测试的方法，对初始问卷进行信度分析和效度分析，修订问卷。

5.1 实证研究设计

实证研究设计部分主要介绍理论模型中各变量的测量工具发展过程，以及调查数据的收集过程等内容。

5.1.1 测量工具的发展

规范分析和实证分析是管理学的两种主要研究范式（Paradigm）。在20世纪60年代以前，规范分析是管理学研究的主导范式。规范分析注重管理者个人的经验和环境条件，并从心理、社会、经济、伦理等方面建立规范性的管理理论，以此来指导管理者未来的行为。20世纪60年代后，西方管理学界出现了职能主义范式（Functionalist Paradigm）或实证主义（Positivist Perspective）的新范式，并迅速成为现代管理学研究的主流范式。实证主义的研究方法主要包括证实法和证伪法等。其中，证实法包括三种基本的研究设计方法：试验、抽样调查和案例研究（Burrel & Morgan, 1979）。

由于集群企业成长的研究缺少现成的二手数据，本书拟采用抽样调查法，向我国各地产业集群的企业发放调查问卷，收集一手数据。

在变量的操作化过程中，目前的研究对于知识默会性、吸收能力、知识获取、知识转移等变量已经有了较为成熟的量表。因此，本书在现有量表的基础上，结合我国集群企业的实际，进行了部分修订。对于网络密度、结构对等性等社会网络理论中涉及的变量，笔者采用社会网络分析方法中的计算公式来计算。对于目前的量表还不成熟，或者还没有相关量表的变量，包括网络开放性、产业远景能力、认知冲突、合作善意等。本书先对相关理论和文献进行梳理，然后初步分析变量的构成维度，再通过深度访谈等方式确定变量的维度及测量题项，并进行小样本测试，修订问卷，最后形成正式的量表。

本书主要采用李克特（Likert-type Scale）5 点量表来衡量被试者的反应。问卷设计采用的编码方式为："完全不符""有些不符""难以说清""有些符合""完全符合"分别赋值 1、2、3、4、5。

5.1.2　数据来源

本书主要通过问卷调查来获得实证研究所需的数据。在确定问卷调查对象时，笔者采用了非随机抽样方法。虽然随机抽样能让样本有更强的代表性，从而更好地反映总体情况，提高研究结论的外部效度。但是，对本研究来说，在全国的产业集群中进行随机抽样的难度较大，不利于样本的获取。为了在可行的前提下尽量保证研究的外部效度，笔者选取在浙江、江苏、上海、广州、武汉等产业集群比较发达，但经济总体发展水平不同、制度文化环境各异的地区发放问卷。另外，为了使样本企业的行业分布、规模和经营年限符合我国集群企业的总体特征，笔者尽量扩大了样本企业的覆盖面。

在确定样本数量的过程中，笔者参考了 Bartlett 等（2001）[①] 和邱政皓（2002）[②] 的观点。Bartlett 提出，如果需要进行因子分析，样本总数应不低于

① J.E. Bartlett, J.W. Kotrlik and C.C. Higgins. Organizational Research: Determine Appropriate Sample Size in Survey Research. Information Technology [J]. Learning and Performance Journal, Sprin, 2001: 43-50.

② 邱政皓. 结构方程模式：LISREL 的理论、技术与应用［M］. 双页书廊有限公司（台湾），2002.

100。如果需要进行回归分析，样本总数和自变量个数之比应不低于 5：1，最好能达到 10：1。邱政皓提出，如果运用结构方程模型进行实证，样本量最少应该为模型中的待估参数数目再加上 50。就本研究而言，有效样本数为 181 份，自变量为 5 个，样本总数和自变量个数之比约为 36：1，符合 Bartlett 提出的进行回归分析的要求。同时，结构方程模型中的待估参数为 15 个，有效样本数为 181 个，有效样本数与待估参数的差为 166，大于 50，所以有效样本数也符合邱政皓提出的结构方程模型分析的要求。

在确定样本所需的数量后，开始发放问卷，收集数据。数据收集的主要过程如下：一是对集群企业的中高层管理者以及从事集群研究的专家学者进行访谈。通过这些访谈，对集群升级的必要性、集群知识网络的构成、集群学习的方式与过程等问题有了基本的了解，也对集群知识网络、集群学习与集群企业成长的关系有了初步的感性认识。以此为基础，设计了初始问卷（参见附录 1），并开始针对小样本进行预测试。根据预测试的分析结果，找到原始问卷设计中的不合理之处，并进行修订，最终得到本研究使用的正式问卷（参见附录 2）。

在正式问卷形成后，笔者向样本集群企业的中高层管理者发放问卷。发放方式主要包括企业现场收集、纸质问卷邮寄发放、E-mail 发放等。为了确保问卷填写者能准确理解调研目的及问卷的主体内容。笔者尽量邀请了解具体情况的中高层管理者填写问卷。此外，在发放问卷时，笔者通过口头、书面等方式对问卷调查的目的，以及一些可能会引起歧义之处进行了解释。

本研究的整个数据收集过程分为预测试和正式数据收集两个阶段。在为期一个月的预测试阶段，共发放问卷 85 份，回收 76 份。为避免答卷者不认真填写导致的研究误差，笔者剔除了无效问卷 10 份，回收了有效问卷 66 份，有效问卷率为 88.42%。在为期两个月的正式问卷发放阶段，本研究通过现场收集、E-mail 发放、纸质问卷邮寄发放等方式共发放问卷 292 份，回收问卷 236 份，有效问卷数量 181 份，有效问卷率为 76.7%。

5.2　变量的操作化

在进行实证研究前，必须通过可观测的结果对理论模型中抽象的概念进行量化，使之成为可以测量的变量，这一过程即变量的操作化。本研究共涉及 15 个变量，如表 5-1 所示。

表 5-1　本书研究变量涉及的变量明细

自变量	中介变量	调节变量	因变量
网络开放性 全球产业网络的位置 网络密度 结构对等性 知识差距	知识默会性 吸收能力 产业远景能力 认知冲突 合作善意	关系治理	知识获取 知识转移 知识利用 集群企业成长

资料来源：笔者整理。

在问卷设计过程中，为了保证对变量的度量能准确反映理论模型中各概念的内涵，笔者先后进行了文献回顾、深度访谈、信度和效度检验等，具体过程如下：

首先，梳理了国内外的集群企业成长、知识网络、集群学习、知识管理等方面的文献。对于目前已经较为成熟的量表，根据本研究的实际稍作修改。对于本研究中较为特殊的变量，由于缺乏成熟量表，则进行详尽的理论综述，确保每一个变量的度量都有坚实的理论基础。其次，初步确定了部分量表的维度。之后，对集群企业的中高层管理者进行了深度访谈。共邀请了 8 家集群企业的 10 位中高层管理者，与之进行沟通，确保量表中的各个题项能准确反映各变量的内涵与外延，不存在歧义、模糊等问题。然后请其仔细阅读问卷，提出问卷优化的具体建议。再次，在此基础上进一步梳理文献，有选择地对相关的量表进行删除和增补，进行问卷设计，形成初始问卷。最后，对初始问卷进行小样本调查，并运用 SPSS15.0 统计软件对数据进行信度和效度分析，修订问卷，形成正式问卷。

5.2.1 自变量的操作化

5.2.1.1 网络开放性的操作化

吴波、贾生华（2009）① 认为，网络开放性由地理开放性，即跨区域关系占所有关系的比重和网络范围，即异质性关系的数量两个维度构成。地理开放性采用以下方法计算：地理开放性 =（跨区域供应商数量 + 跨区域销售对象数量）/（供应商数量 + 销售对象数量）。网络范围从三个方面来衡量，分别是一级网络、二级网络、基于会展的暂时性集群网络。其中，一级网络包括集群企业与本地、外地和境外的供应商、销售对象，以及同行所形成的网络关系。二级网络包括集群企业与大学和科研院所、咨询公司、金融机构、商业协会、行业协会，以及政府相关主管部门等组织所形成的网络关系。基于会展的暂时性集群网络包括集群企业经常参加的本地、外地和境外会展所形成的网络关系，由此得到需要测量的 18 种关系。如果集群企业存在某种类型的关系，则取值为 1，否则为 0，将 18 种关系的得分加总即可获得网络范围的取值。

从已有的文献可看出，对网络开放性的度量是基于数量、单方的视角的。也就是说，认为集群企业与集群外界建立联系的网络成员数量越多，网络开放性就越强。在集群升级中，网络的开放性需要从以下三个方面来度量：一是开放界面的内部宽度，即与集群外界建立联系的网络成员数量的多少。在集群升级过程中，集群内与集群外界建立联系的成员数量越多，网络的开放性越强。二是开放界面的外部宽度，即与哪些外界成员建立了联系。集群企业与外界建立关系的组织数量越多，网络的开放性越强；与之建立联系的外界组织在全球产业网络中的地位越重要，网络的开放性越强。三是开放的深度。与外界成员的关系联结越紧密，网络的开放性越强。在设计具体的量表时，笔者询问了集群企业的前三大企业与行业内最著名的两家领导企业、三家高校和科研机构的关系强度。

在经济社会学领域，很多学者对关系强度都进行了定义，如 Granovetter

① 吴波，贾生华．网络开放、战略先行与集群企业吸收能力构建［J］．科学学研究，2009(12): 1845-1855.

（1973）认为关系强度就是时间数量、情感强度和亲密性以及关系的相互服务这些组合。马刚（2005）[①] 通过企业间在一定时间内的交往频率多少来测量关系强度。Capaldo（2007）[②] 从关系的持续时间、合作的频率、合作的强度三个方面来描述关系强度。关系持续时间越长，合作频率和合作强度越高，关系的强度越高。

基于前人的研究成果，本书从业务关系的往来频率来度量集群企业与外界成员的关系强度。具体询问集群企业与外界成员在“业务中的来往频率”，分为“很频繁”“较频繁”“一般”“较少”“很少”五个水平，分别赋值 5、4、3、2、1。

5.2.1.2　知识差距的操作化

集群企业间的知识差距是集群知识网络成员在知识基础方面的差距。实践表明，企业之间存在知识差距的主要原因有三个：第一，企业之间技术积累存量的差别造成的知识水平差距。第二，企业之间的分工存在差异，各企业专注的技术领域不同，由此带来的企业拥有知识的内容差距。第三，企业之间技术战略存在差异，使企业关注的技术领域不同，带来了知识的内容差距。在集群知识网络中，企业之间往往处于同一产业链的上下游，或者处于相近的产业链环节，导致知识差距的原因主要是集群的自身技术积累存量差别和技术战略差异。因此，本书通过以下五个问题来测量集群企业间的知识差距：①在集群中，集群企业的技术水平与科研实力存在较大差距；②在集群中，集群企业的技术投入存在较大差距；③在集群中，大家对于集群的技术发展方向有不同的认识；④在集群中，企业制定的技术发展战略有所不同；⑤集群企业关注的技术领域存在较大差异。

5.2.1.3　在全球产业网络位置的操作化

在全球产业网络中，占据核心位置的成员是那些在市场开发、技术研发等领域具有较高市场声望，并且市场行为具有较强参考权力和示范效应的组织。在全球产业网络中，成员的市场声望越高，表明其在网络成员中

---

① 马刚. 基于战略网络视角的产业区企业竞争优势实证研究［D］. 浙江大学博士论文，2005：198.

② Antonio Capaldo. Network Structure and Innovation: The Leveraging of a Dual Network as a Distinctive Relational Capability [J]. Strategic Management Journal. 2007, 28: 585-608.

受到尊重、赞赏和认可的程度越高。社会学通常使用度声望指标、邻近度声望指标和名位声望指标三大类指标来度量声望。以社会网络为例，一个节点的度声望指标是该节点的点入度。邻近度声望指标则反映了某个网络成员与其影响域中成员的接近程度。与邻近度声望指标不同，名位声望指标认为，如果某个网络成员的影响域内都是有声望的成员，该成员也应是声望高的成员。依照同样的逻辑，如果某个网络成员的影响域内只包含外围成员，或者局部重要的成员，那么该成员的声望就低（汪云林和韩伟一，2006）①。

本书主要分析我国集群企业与产业领先者的接近程度，因此采用邻近度声望指标，通过直接询问样本企业与全球网络中领先企业的邻近状况来间接测量其邻近度声望。此外，样本企业的参考权力表明了其行为和思想对集群知识网络中其他成员的影响程度。综上，本研究通过市场声望和参考权力来测量集群企业在全球产业网络中的地位。具体问题如下："贵公司与行业内的全球领先企业在市场开拓方面有密切往来"；"贵公司与行业内的全球领先企业在技术研发方面有密切往来"；"贵公司的经营行为长期得到同行的认可"；"贵公司的市场行为通常会对同行产生示范效应"；"贵公司的技术研发行为会对行业发展产生重要的影响"。

5.2.1.4 网络密度的操作化

网络密度是网络内各节点之间关联的紧密程度。Burt（1992）用围绕知识转移双方企业的第三方联系的数量来考察网络密度②。在社会网络分析中，网络密度采用网络中实际存在边的数量除以可能存在边的数量计算得出（Scott，2007），其计算公式为：

$$D = \frac{2L}{g(g-1)}$$

其中，D 为网络密度，L 为网络中关系的数量，g 为网络中的成员数量。

① 汪云林，韩伟一．社会网络声望模型的分析与改进［J］．系统工程，2006(11): 54-58.

② R. S. Burt. Structural Holes: The Social Structure of Competition [M]. Cambridge, MA: Harvard University Press, 1992: 54-56.

5.2.1.5　结构对等性的操作化

在社会网络理论中，结构对等性分析就是通过把网络中相似的节点分到一个块中，把整体网络分为不同的几个块，进而简化整体网络研究，分析各块在网络中的位置和角色。社会网络结构对等性分析主要以“块模型”和“影像矩阵”的构造来体现集群创新网络内的相似节点位置。

本书采用社会网络软件 Ucinet 6.0 的 CONCOR 分析方法来分析集群知识网络的结构对等性。CONCOR 的输出结果主要通过块模型和像的形式来直观地表现结构对等位置上的行动者。笔者在对 8 个集群知识网络成员进行结构对等性分析时选择了 3 个层次的分区。一般认为，如果经过分区之后，一个区中只有 3 个或者更少的行动者，分区的效果就不好。因此，在最后的结果中，每个区中的行动者最好大于 3 个。由于只收集 8 个集群知识网络的成员的信息，因此只选择 3 个层次的分区。

5.2.2　中介变量的操作化

5.2.2.1　产业远景能力的操作化

产业远景能力主要反映集群企业获得关于产业未来发展方向、核心价值等重要问题的管理技巧和技能。根据 Nelson 和 Winter（1982）的观点，组织惯例是企业能力的载体，它构成了组织知识的一种最重要的储存形式，同时惯例代表了一个组织的技能。产业远景能力和企业的组织学习是密切相关的。企业的组织学习是一个社会化和集体化的过程，可以通过组织成员共同解决复杂问题的活动中获得，从这些活动中产生的知识往往储存在组织的惯例中，因此惯例代表了组织成功解决某一特定问题的一种互动模式。

综合能力的惯例本质，以及产业远景能力的内容，笔者设计了如下问题来度量产业远景能力：①对于如何预测竞争对手、顾客、供应商的行为，贵公司有较为成熟和固定的做法；②对于如何预测宏观环境对产业发展的影响，贵公司有较为成熟和固定的做法；③对于如何把握产业技术的演化趋势，贵公司有较为成熟和固定的做法。

5.2.2.2　知识默会性的操作化

学者们对知识默会性提出了多种不同的测量方法。Kogut 和 Zander 强调默会知识的不可编码性，他们认为，默会知识很难使用文字、语言、符号等进行编码。由此，他们对知识默会性的测量侧重于默会知识的难以编码性。Bresman 和 Nonaka 等从默会知识的难以表达性来测量知识的默会性。Kogut 和 Zander、Jaime 和 Bonache 则侧重于默会知识的难以传授性。本书主要研究集群企业如何获取、转移和利用创新性知识，需要考虑知识的专有性、专用性带来的编码、表达和传授的困难。因此，本书对知识默会性的度量需综合考虑知识的“不可编码性”“难以表达性”“难以传授性”三个方面。具体的测量题项如下：①贵公司很难从集群内的其他组织学到有用的知识；②对于决定集群成功升级的关键技术，集群中的企业了解并不是很多；③决定集群升级成功的关键技术很难通过培训来传授；④要完全掌握决定集群升级的关键技术，必须依靠长期积累的工作经验和技巧。

5.2.2.3 吸收能力的操作化

不同学者从不同的视角来定义吸收能力。根据 Cohen 和 Levinthal（1990）关于组织吸收能力的定义，组织吸收能力包括以下三个方面的能力：理解外部知识的能力、同化外部知识的能力，以及应用外部知识提高商业绩效的能力（Cohen and Levinthal, 1990）。而 Lyles 和 Salk（1996）研究的组织灵活性以及其他的学习结构和过程会影响组织同化外部知识的能力。Zahra 和 George（2002）[①] 对组织吸收能力进行了重新定义：“吸收能力是指组织知识使用和创造过程中的相关动态能力，从而提高企业获取和保持其竞争优势的能力”，并区分了组织吸收能力的主要维度包括企业同化、转换和利用外部知识，基于企业动态能力的视角，区分了企业潜在吸收能力和现实的吸收能力。

本书主要参考 Cohen 和 Levinthal（1990）、Zahra 和 George（2002）等的研究，从两个方面设计测量企业的吸收能力的问卷：企业对外部知识的同化和转换能力。其中，本书通过以下问题测量集群企业的同化能力：①贵公司知道在组织间学习中应承担的角色和责任；②对于组织间学习，贵公司制订了明确的目标和计划。通过以下问题测量集群企业的知识转换能力：①贵公司

① S. A. Zahra, G. George. Absorptive Capacity: A Review, Reconceptualization, and Extension [J]. Academy of Management Review, 2002, 27 (2): 185-203.

知道哪些员工可以组成一个团队，来获得和利用各种技术前沿信息；②贵公司知道哪些员工有能力解决技术升级的相关问题；③贵公司对来自外面的新技术有能力做出适应性改进。

5.2.2.4　认知冲突的操作化

认知冲突往往与任务有关，因此大多数学者对认知冲突的度量都侧重于衡量任务冲突。典型的量表有以下几种：Jehn（1995）[①] 提出，任务冲突存在于团队成员之间关于执行任务内容的观点分歧。他采用“团队成员对正在进行的工作产生分歧的次数”“团队中观点差异的频率”“关于任务的冲突程度”，以及“观点的差异程度”四个问题来度量认知冲突。Amason（1996）[②] 认为，认知冲突是源自观点不同的任务导向的差异性。因此，他使用“关于不同的思想有多少种分歧”“决策的内容有多少差异”，以及“团队内部有多少种不同的观点”三个问题来度量认知冲突。而 Chenhall（2004）[③] 认为，认知冲突以任务为焦点，以如何到达目标的判断差异为导向。他通过“关于不同思想的分歧”“决策内容的差别”等三个问题来度量认知冲突。在前人研究的基础上，本书从集群知识网络成员对集群升级的必要性认知差异、集群升级的方式或内容差异、集群升级中各方任务的冲突、集群升级观点的差异频率四个方面来衡量认知冲突。

5.2.2.5　合作善意的操作化

在 Caldwell（2003），以及 Mayer 和 Davis（1999）研究成果的基础上，本书根据集群企业成长的研究需要，对合作善意的量表进行了适当修订，具体量表如表 5-2 所示。

① K. A. Jehn. A multi–method Exanimation of the Benefits and Detriments of Intragroup Conflict [J]. Administrative Science Quarterly, 1995, 40 (2): 256-282.

② A. C. Amason. Distinguishing the Effects of Functional and Dysfunctional Conflict on Strategic Decision Making: Resolving a Paradox for Top Management Teams [J]. Academy of Management Journal, 1996, 39(1): 123-148.

③ R. H. Chenhall. The Role of Cognitive and Affective Conflict in Early Implementation of Active–based Cost Management [J]. Behavioural Research in Accounting, 2004, 16: 19-44.

表 5-2 企业间合作善意测量量表

构念	定义	测项及来源
合作善意	由于集群企业之间的亲密关系，一方的行为有益于另一方的程度	在与集群内组织合作时，他们能充分考虑贵公司的利益（Mayer & Davis, 1999）
		在与集群内组织合作时，他们会充分关注和重视贵公司的需求（Mayer & Davis, 1999）
		一旦有误会，合作方能主动采取措施消除和弥合（Mayer & Davis, 1999）
		市场变化时，合作方不会轻易向贵公司转嫁成本（Caldwell, 2003）

资料来源：笔者根据相关文献整理。

5.2.3 因变量的操作化

5.2.3.1 知识获取的操作化

关于知识获取，目前还没有现成的量表可供借鉴。笔者认为，知识获取与知识转移有类似之处。集群企业从知识网络之外的组织获得知识实际上也是知识从外部组织转移到集群企业的过程。但知识获取与知识转移的差异在于，知识获取是一个获取方的单方主动行为，知识来源方可能并未意识到知识被对方所获取。而知识转移是一个双方知情、认可情境下的知识流动。基于知识获取与知识转移的异同点，结合本书对知识获取的研究主要基于一种结果情境，笔者从知识获取结果，即侧重于知识获取的收益，而不是所有权来度量知识获取。具体测量问题包括：①从集群外部获得了技术创新所需的信息；②从集群外部获得了技术创新所需的经验、技术、方法等知识；③从集群外部获得了市场创新所需的信息；④从集群外部获得了市场创新所需的经验、技术、方法等知识；⑤从集群外部获得的知识创造了大量经济效益；⑥从集群外部获得信息、经验、技术和方法等知识有效地推动了技术创新；⑦从集群外部获得信息、经验、技术和方法等知识有力地推动了市场创新。

5.2.3.2 知识转移的操作化

学者们对知识转移的操作化大致有以下三种思路：一是从知识转移的结果来操作化。如 Kostova（1999）使用知识转移后的行为变化如“效果满意度”“组织承诺”等来测量知识转移的成功。Yeung（1999）在测量知识转移的成功时采用接收知识的“所有权”来测量。Cummnigs（2001）在测量“知识转移的成功”时，综合了接收方对新技术的“所用权”“自豪程度”“努力程度”三方面的知识转移结果。Zahra（2002）[①] 则从“学习能力的提升”和“组织学习氛围的改善”两个方面来测量知识转移的成功。

二是从知识转移的过程来操作化。Nonaka（1994）提出，应使用知识转移的通畅程度来测量知识转移的成功。关涛（2005）[②] 在对跨国公司内部知识转移的研究中，综合被转移知识对接收方的作用结果、转移过程及由此建立的协调关系三方面评价知识转移的成功。他通过员工知识转移的主动性、知识转移的氛围等来评价知识转移的过程。

三是从知识转移的机制来操作化。关涛（2005）对知识转移机制的度量是通过询问问卷填写者：员工的素质是否通过互访、培训、经验交流、工作轮换等方法有很大提高。

本书将知识转移的成功作为集群企业利用知识的一个前提，因此知识转移成功没有包含财务绩效在内。另外，本书关注的是集群企业的技术升级，以及管理升级，因此笔者对知识转移的衡量也强调技术、管理方式方法。与惯例、规则、行为方式的转移相比，这些内容的转移都更容易被问卷调查者所感知，通过直接询问可以获得较为真实的结果。

基于此，笔者主要从知识转移的结果角度去操作化知识转移，包括了转移知识的所有权和收益两个维度。具体测量问题包括：①从集群其他组织那里得到了技术创新必需的各种信息；②从集群其他组织那里得到了技术创新必需的经验、技术、方法等知识；③从集群其他组织那里得到了市场创新必需的各种信息；④从集群其他组织那里得到了市场创新必需的经验、技术、方法等知识；⑤只要集群其他组织有自身需要的知识或技术，一般都可以从他们那里得到；⑥对转移过来的知识或技术，自身拥有所有权。

5.2.3.3　知识利用的操作化

学者们在度量探索型学习和利用型学习时，倾向于将这两种学习作为互

① S. A. Zahra & G. George. Absortive Capacity: A Review, Reconceptualization, and Extension [J]. The Academy of Management Review, 2002, 27 (2): 185-197.

② 关涛. 跨国公司内部知识转移过程与影响因素的实证研究［D］. 复旦大学博士学位论文，2005.

斥行为，根据企业资源在探索和学习目标间的分配来测量探索型学习和利用型学习（Atuahene & Gima, 2003; He & Wong, 2004[①]）。本书所界定的知识利用是集群企业将从外部网络获得的创新性知识在集群内进行探索型学习和利用型学习的过程。陈宗权等（2012）[②]的研究也证实了两种学习的交互作用对于产学研合作绩效有积极的影响。因此，集群学习中的知识利用可以同时包括集群知识网络成员之间的探索型学习，也包括他们彼此之间的利用型学习。笔者主要从集群企业利用创新性知识的目标或行为角度出发来度量知识利用。具体问题包括：①在集群升级中，集群成员利用新知识来进行工艺创新；②在集群升级中，集群成员利用新知识来优化流程；③在集群升级中，集群成员利用新知识来提升产品整体功能；④在集群升级中，集群成员利用新知识来开发新产品；⑤在集群升级中，集群成员利用新知识来进入新的产业领域；⑥在集群升级中，集群成员利用新知识开发新技术。

5.2.3.4 集群企业创新成长的操作化

集群企业的成长是一种创新型成长。体现在产品附加值的增加、产品技术水平的提升，最终表现在市场占有率、财务绩效的满意度等方面。

5.2.4 调节变量的操作化

集群知识网络的关系治理是本书的调节变量。在继承 Macneil（1978），Anderson 和 Narus（1990）等的关系治理研究成果的基础上，Poppo 和 Zenger（2002）提出，关系治理是由公开的沟通和信息分享、信任、互依和合作等规范构成。笔者认为，对集群关系治理变量的操作化，需要考虑到我国的社会文化环境和集群的地域根植性。张杰、刘志彪（2008）曾提出，社会信用体系缺失和知识产权保护制度缺位这两种制度层面因素，事实上已成为影响我国地方产业集群嵌入全球价值链和集群升级能力的关键因素。文婷、曾刚（2005）认为，集群升级不仅受到全球外部联系、集群间互动、全球价值链分工、全球产业价值链治理模式等这些“外生因素”的影响，而且受地方网

① He Zi Lin, Wong Poh-Kam. Exploration vs. Exploitation: An Empirical Test of the Ambidexterity Hypothsis [J]. Organization Science, 2004, 15 (4): 481-494.

② 陈宗权等. 产学合作中的知识探索与利用［J］. 台大管理论丛，2012(2): 59-86.

络联系、集群学习效应、集群文化制度环境等内部因素影响。因此，我国集群知识网络的关系治理变量的构成维度除了包括公开的沟通和信息分享外，地区信任文化、协作和共同解决问题的规范性、灵活性也是重要的维度。由此，笔者设计了下列问题来度量集群知识网络的关系治理：①集群中存在公开的沟通的信息分享；②集群成员的失信行为，会受到大家的谴责；③集群中存在协作和共同解决问题的机制；④集群成员会根据环境变化动态调整合同或协作机制；⑤集群中存在彼此信任的文化氛围。

5.3　量表的小样本测试

在本书的理论模型中，知识转移等变量都是源自在西方发达国家经济社会背景开发出的量表，而产业远景能力、认知冲突、合作善意等变量的量表则是本书开发的。为了确保量表具有较高的有效性和可靠性，需要对量表的信度、效度进行预测试，并据此修订问卷。小样本测试是在浙江、江苏等省份的集群企业中进行的。为确保研究的顺利进行，笔者采用简单随机抽样（Simple Random Sampling）原则获得样本，并以样本企业的中高层管理人员作为问卷填写对象。小样本测试阶段共发放问卷 85 份，回收 76 份，其中有效问卷 66 份，有效问卷率为 88.42%。

5.3.1　小样本分析方法

本书对小样本数据的分析主要采用了信度分析和效度分析两种方法。

问卷信度是指变量度量的可信度。本书通过信度分析来衡量量表是否合理，包括所选择的指标对事物特征的反映程度如何，以及指标的可信程度等。信度分析的方法一般包括 Cronbach'α 信度、再测信度和折半信度等。其中，Cronbach'α 信度最为常用。本书采用 Cronbach'α 信度方法。根据 Hair 等（1998）的观点，一般而言，Cronbach'α 系数大于 0.70 表明量表具有良好的内部一致性，因此可以认为问卷中测量该变量所对应的测项是合适的。本研究运用 SPSS15.0 统计软件对调查数据进行 Cronbach'α 信度分析。

在统计学中，效度是指指标能够真正测度变量的程度，也经常被定义为测量的正确性。效度高表明测度的结果能够反映出被测量变量的真正特征。一般来讲，效度的衡量可从内容效度（Content Validity）和构念效度（Construct Validity）两个方面展开。内容效度是指指标内容的代表性，即理论建构过程中指标对研究主题的涵盖程度。在实际操作中，内容效度通常以研究者的专业知识来主观判断指标能否正确度量测量对象。在本研究的理论模型中，绝大部分变量的量表都是经过文献回顾、深度访谈，并进行修订后确定的。因此，可以认为本研究问卷具有较高的内容效度。

构念效度是由聚合效度（Convergent Validity）和区分效度（Discriminant Validity）所组成。其中，聚合效度是指不同的观察变量是否可用来测量同一潜变量，而区分效度是指不同的潜变量是否存在显著差异。在统计学中，一般通过检测各个潜变量之间的相关系数是否显著低于 1 来判断区分效度。

在进行结构方程模型分析时，通常会选择一些观察变量来间接测量潜变量。那么，这些观察变量与潜变量之间的假设关系与样本数据的吻合程度就有待检验。统计学中，一般采用探索性因子分析的方法来完成这一工作。在进行探索性因子分析时，如果能有效地提取共同因子，且此共同因子与理论结构的特质较为接近，则可判断测量工具具有构念效度。下文在进行效度分析时，会对样本数据进行 KMO 检验，KMO 值越大，表示变量间共同因子越多，越适合因子分析。当 KMO 值小于 0.5 时，不适合因子分析。如果结果证明假设正确，那么其聚合效度也得到了相应的证明。

5.3.2 小样本分析结果

由于本研究理论模型中的部分变量（包括网络密度、结构对等性等）是显变量，笔者只对模型中的潜变量使用上文所确定的分析方法对其进行信度和效度分析。

5.3.2.1 信度分析

利用小样本调查的数据，笔者运用 SPSS 15.0 中的“Reliability Analysis”分析工具，对总量表和各个分量表进行 Cronbach’α 信度分析。分析结果如表 5-3 所示，总量表和分量表的 α 信度值均大于临界值 0.7，说明本研究各个变量的度量较为可信。

表 5-3　预测试问卷的 Cronbach'α 信度分析

量　表	Cronbach'α 系数	题项数量（份）	处理方式
总 量 表	0.983	62	接　受
全球产业网络位置	0.835	5	接　受
知识差距	0.909	5	接　受
知识默会性	0.911	4	接　受
吸收能力	0.924	5	接　受
产业远景能力	0.982	3	接　受
认知冲突	0.911	4	接　受
合作善意	0.911	4	接　受
知识获取	0.946	7	接　受
知识转移	0.930	6	接　受
知识利用	0.930	6	接　受
集群关系治理	0.922	5	接　受
集群企业成长	0.891	8	接　受

5.3.2.2　效度分析

（1）全球产业网络位置的效度分析。笔者运用 SPSS15.0 软件中的“Factor Analysis”工具对变量“全球产业网络位置”进行效度分析，分析结果表明，KMO 样本测度值为 0.828，大于进行因子分析的最低标准 0.5，因此变量“全球产业网络位置”适合进行因子分析。效度分析的结果显示，Bartlett 半球体检验小于 0.001，拒绝相关矩阵为单位矩阵的原假设，也支持因子分析。笔者按照特征根大于 1 的原则和最大方差法正交旋转进行因子抽取，得到“全球产业网络位置”的单因子结构，因子的载荷如表 5-4 所示。

表 5-4　正交旋转后的全球产业网络位置的因子载荷矩阵

变量测量的题项	因子负载（Component）
	1
C1 贵公司与行业内的全球领先企业在市场开拓方面有密切往来	0.543
C2 贵公司与行业内的全球领先企业在技术研发方面有密切往来	0.827
C3 贵公司的经营行为长期得到同行的认可	0.894
C4 贵公司的市场行为通常会对同行产生示范效应	0.870
C5 贵公司的技术研发行为会对行业发展产生重要的影响	0.822
方差解释比例（%）	64.182
总方差解释比例（%）	64.182

（2）吸收能力的效度分析。笔者运用 SPSS15.0 软件中的“Factor Analysis”工具对变量“吸收能力”进行效度分析，分析结果表明，KMO 样本测度值为 0.778，大于 0.5，说明变量“吸收能力”适合进行因子分析。效度分析的结果显示，Bartlett 半球体检验小于 0.001，拒绝相关矩阵为单位矩阵的原假设，也支持因子分析。笔者按照特征根大于 1 的原则和最大方差法正交旋转进行因子抽取，得到两因子结构，因子的载荷如表 5-5 所示（已舍去低于 0.5 的值）。

表 5-5　正交旋转后的吸收能力的因子载荷矩阵

变量测量的题项	因子负载	
	1	2
F1 贵公司知道在组织间学习中应承担什么角色和责任	0.885	
F2 对于组织间学习，贵公司制定了明确的目标和计划	0.925	
F3 贵公司能在企业内组成一个团队，以获得和利用各种技术前沿信息		0.874
F4 贵公司知道哪些员工有能力解决技术升级的相关问题		0.848
F5 贵公司有能力对来自外界的新技术做出适应性改进		0.788
方差解释比例（%）	42.184	47.596
总方差解释比例（%）	89.780	

（3）产业远景能力的效度分析。笔者运用 SPSS15.0 软件中的“Factor Analysis”工具对变量“产业远景能力”进行效度分析，分析结果表明，KMO 样本测度值为 0.752，大于 0.5，说明变量“产业远景能力”适合进行因子分析。效度分析的结果显示，Bartlett 半球体检验小于 0.001，拒绝相关矩阵为单位矩阵的原假设，也支持因子分析。笔者按照特征根大于 1 的原则和最大方差法正交旋转进行因子抽取，得到单因子结构，因子的载荷如表 5-6 所示。

表 5-6　正交旋转后的产业远景能力的因子载荷矩阵

变量测量的题项	因子负载（Component）
	1
G1 贵公司非常清楚应该如何预测竞争对手、顾客、供应商的行为	0.973
G2 贵公司非常清楚应该如何预测宏观环境对产业发展的影响	0.990
G3 贵公司非常清楚应该如何把握产业技术的演化趋势	0.987
方差解释比例（%）	96.717
总方差解释比例（%）	96.717

（4）知识差距的效度分析。笔者运用 SPSS15.0 软件中的 "Factor Analysis" 工具对变量 "知识差距" 进行效度分析，分析结果表明，KMO 样本测度值为 0.829，大于 0.5，说明变量 "知识差距" 适合进行因子分析。效度分析的结果显示，Bartlett 半球体检验小于 0.001，拒绝相关矩阵为单位矩阵的原假设，也支持因子分析。笔者按照特征根大于 1 的原则和最大方差法正交旋转进行因子抽取，得到单因子结构，因子的载荷如表 5-7 所示。

表 5-7　正交旋转后的知识差距的因子载荷矩阵

变量测量的题项	因子负载（Component）
	1
E1 在集群中，集群企业的技术水平与科研实力存在较大差距	0.893
E2 在集群中，集群企业的技术投入存在较大差距	0.869
E3 在集群中，大家对于集群的技术发展方向有不同的认识	0.763
E4 在集群中，企业制定的技术发展战略有所不同	0.924
E5 集群企业关注的技术领域存在较大差异	0.851
方差解释比例（%）	74.227
总方差解释比例（%）	74.227

（5）知识默会性的效度分析。笔者运用 SPSS15.0 软件中的 "Factor Analysis" 工具对变量 "知识默会性" 进行效度分析，分析结果表明，KMO 样本测度值为 0.804，大于 0.5，说明变量 "知识默会性" 适合进行因子分析。效度分析的结果显示，Bartlett 半球体检验小于 0.001，拒绝相关矩阵为单位矩阵的原假设，也支持因子分析。笔者按照特征根大于 1 的原则和最大方差法正交旋转进行因子抽取，得到单因子结构，因子的载荷如表 5-8 所示。

表 5-8　正交旋转后的知识默会性的因子载荷矩阵

变量测量的题项	因子负载（Component）
	1
D1 贵公司很难从集群内的其他组织学到有用的知识	0.912
D2 对于决定集群成功升级的关键技术，集群中的企业了解并不是很多	0.879
D3 决定集群升级成功的关键技术很难通过培训来传授	0.924
D4 要完全掌握决定集群升级的关键技术，必须依靠长期积累的工作经验和技巧	0.844
方差解释比例（%）	79.301
总方差解释比例（%）	79.301

（6）认知冲突的效度分析。笔者运用 SPSS15.0 软件中的“Factor Analysis”工具对变量“认知冲突”进行效度分析，分析结果表明，KMO 样本测度值为 0.801，大于 0.5，说明变量“认知冲突”适合进行因子分析。效度分析的结果显示，Bartlett 半球体检验小于 0.001，拒绝相关矩阵为单位矩阵的原假设，也支持因子分析。笔者按照特征根大于 1 的原则和最大方差法正交旋转进行因子抽取，得到单因子结构，因子的载荷如表 5-9 所示。

表 5-9　正交旋转后的认知冲突的因子载荷矩阵

变量测量的题项	因子负载（Component）
	1
H1 对于集群升级，各方都认为很有必要	0.913
H2 对于如何进行集群升级，各方认识比较一致	0.868
H3 在集群升级中，各方都清楚自己的任务	0.923
H4 在集群升级中，各方很少会有分歧	0.843
方差解释比例（%）	78.738
总方差解释比例（%）	78.738

（7）合作善意的效度分析。笔者运用 SPSS15.0 软件中的“Factor Analysis”工具对变量“合作善意”进行效度分析，分析结果表明，KMO 样本测度值为 0.810，大于 0.5，说明变量“合作善意”适合进行因子分析。效度分析的结果显示，Bartlett 半球体检验小于 0.001，拒绝相关矩阵为单位矩阵的原假设，也支持因子分析。笔者按照特征根大于 1 的原则和最大方差法正交旋转进行因子抽取，得到单因子结构，因子的载荷如表 5-10 所示。

表 5-10　正交旋转后的合作善意的因子载荷矩阵

变量测量的题项	因子负载（Component）
	1
I1 在与集群内组织合作时，他们能充分考虑贵公司的利益	0.913
I2 在与集群内组织合作时，他们会充分关注和重视贵公司的需求	0.878
I3 一旦有误会，合作方会主动采取措施消除和弥合	0.916
I4 市场变化时，合作方不会轻易向贵公司转嫁成本	0.841
方差解释比例（%）	78.795
总方差解释比例（%）	78.795

（8）知识获取的效度分析。笔者运用 SPSS15.0 软件中的“Factor Analysis”工具，对变量“知识获取”进行效度分析，分析结果表明，KMO 样本测度值为 0.856，大于 0.5，说明变量“知识获取”适合进行因子分析。效度分析的结果显示，Bartlett 半球体检验小于 0.001，拒绝相关矩阵为单位矩阵的原假设，也支持因子分析。笔者按照特征根大于 1 的原则和最大方差法正交旋转进行因子抽取，得到单因子结构，因子的载荷如表 5-11 所示。

表 5-11　正交旋转后的知识获取的因子载荷矩阵

变量测量的题项	因子负载（Component）
	1
J1 从集群外部获得了技术创新所需的信息	0.898
J2 从集群外部获得了技术创新所需的经验、技术、方法等知识	0.901
J3 从集群外部获得了市场创新所需的信息	0.720
J4 从集群外部获得了市场创新所需的经验、技术、方法等知识	0.874
J5 从集群外部获得的知识创造了大量经济效益	0.497
J6 从集群外部获得信息、经验、技术和方法等知识有效地推动了技术创新	0.932
J7 从集群外部获得信息、经验、技术和方法等知识有效地推动了市场创新	0.859
方差解释比例（%）	75.801
总方差解释比例（%）	75.801

从表 5-11 可知，题项 J5 的因子载荷为 0.497，小于 0.5。为确保量表的可靠性，本研究将剔除原始问卷中的题项 J5。

（9）知识转移的效度分析。笔者运用 SPSS15.0 软件中的“Factor Analysis”工具对变量“知识转移”进行效度分析，分析结果表明，KMO 样本测度值为 0.850，大于 0.5，说明变量“知识转移”适合进行因子分析。效度分析的结果显示，Bartlett 半球体检验小于 0.001，拒绝相关矩阵为单位矩阵的原假设，也支持因子分析。笔者按照特征根大于 1 的原则和最大方差法正交旋转进行因子抽取，得到单因子结构，因子的载荷如表 5-12 所示。

表 5-12 正交旋转后的知识转移的因子载荷矩阵

变量测量的题项	因子负载（Component）
	1
K1 从集群其他组织那里得到了技术创新必需的各种信息	0.901
K2 从集群其他组织那里得到了技术创新必需的经验、技术、方法等知识	0.917
K3 从集群其他组织那里得到了市场创新必需的各种信息	0.721
K4 从集群其他组织那里得到了市场创新必需的经验、技术、方法等知识	0.869
K5 只要集群其他组织有自身需要的知识或技术，一般都可以从他们那里得到	0.890
K6 对转移过来的知识或技术，自身拥有所有权	0.827
方差解释比例（%）	73.396
总方差解释比例（%）	73.396

（10）知识利用的效度分析。笔者运用 SPSS15.0 软件中的“Factor Analysis”工具对变量“知识利用”进行效度分析，分析结果表明，KMO 样本测度值为 0.853，大于 0.5，说明变量“知识利用”适合进行因子分析。效度分析的结果显示，Bartlett 半球体检验小于 0.001，拒绝相关矩阵为单位矩阵的原假设，也支持因子分析。笔者按照特征根大于 1 的原则和最大方差法正交旋转进行因子抽取，得到单因子结构，因子的载荷如表 5-13 所示。

表 5-13 正交旋转后的知识利用的因子载荷矩阵

变量测量的题项	因子负载（Component）
	1
L1 在集群升级中，集群成员利用新知识来进行工艺创新	0.901
L2 在集群升级中，集群成员利用新知识来优化流程	0.916
L3 在集群升级中，集群成员利用新知识来提升产品整体功能	0.726
L4 在集群升级中，集群成员利用新知识来开发新产品	0.894
L5 在集群升级中，集群成员利用新知识来进入新的产业领域	0.890
L6 在集群升级中，集群成员利用新知识开发新技术	0.828
方差解释比例（%）	74.230
总方差解释比例（%）	74.230

（11）集群关系治理的效度分析。笔者运用 SPSS15.0 软件中的 “Factor Analysis” 工具对变量 “集群关系治理” 进行效度分析，分析结果表明，KMO 样本测度值为 0.774，大于 0.5，说明变量 “集群关系治理” 适合进行因子分析。效度分析的结果显示，Bartlett 半球体检验小于 0.001，拒绝相关矩阵为单位矩阵的原假设，也支持因子分析。笔者按照特征根大于 1 的原则和最大方差法正交旋转进行因子抽取，得到单因子结构，因子的载荷如表 5-14 所示。

表 5-14 正交旋转后的集群关系治理的因子载荷矩阵

变量测量的题项	因子负载（Component）
	1
M1 集群中存在公开的沟通的信息分享	0.775
M2 集群成员的失信行为，会受到大家的谴责	0.849
M3 集群中存在协作和共同解决问题的机制	0.909
M4 集群成员会根据环境变化动态调整合同或协作机制	0.922
M5 集群中存在彼此信任的文化氛围	0.906
方差解释比例（%）	76.392
总方差解释比例（%）	76.392

（12）集群企业成长的效度分析。笔者运用 SPSS15.0 软件中的 “Factor Analysis” 工具对变量 “集群企业成长” 进行效度分析，分析结果表明，KMO 样本测度值为 0.783，大于 0.5，说明变量 “集群企业成长” 适合进行因子分析。效度分析的结果显示，Bartlett 半球体检验小于 0.001，拒绝相关矩阵为单位矩阵的原假设，也支持因子分析。笔者按照特征根大于 1 的原则和最大方差法正交旋转进行因子抽取，得到双因子结构，因子的载荷如表 5-15 所示。

表 5-15 正交旋转后的集群企业成长的因子载荷矩阵

变量测量的题项	因子负载	
	1	2
O1 与行业平均水平相比，贵公司近两年的利润率增长情况	0.911	
O2 与行业平均水平相比，贵公司近两年的销售额增长情况	0.916	
O3 与行业平均水平相比，贵公司近两年的净资产增长情况	0.737	

续表

变量测量的题项	因子负载	
	1	2
O4 与行业平均水平相比，贵公司近两年的市场份额增长情况	0.852	
O5 与行业平均水平相比，贵公司近两年的客户满意度情况	0.903	
O6 与行业平均水平相比，贵公司近两年的新产品开发投入增长情况		0.955
O7 与行业平均水平相比，贵公司近两年的新产品销售收入增长情况	0.783	
O8 与行业平均水平相比，贵公司近两年的员工士气情况		0.950
方差解释比例（%）	55.259	25.662
总方差解释比例（%）	80.921	

从表 5-15 可知，题项 O6 和 O8 跑到了其他维度。为确保量表的可靠性，本研究将剔除原始问卷中的题项 O6 和 O8。

第6章 数据分析

为确保大样本调查数据的代表性，本研究将在假设检验之前，对大样本调查的数据进行描述性统计分析、信度分析、效度分析和验证性因子分析。本章首先对研究数据进行描述性统计分析。其次，对正式问卷中各变量的量表进行信度和效度分析。最后，对理论模型中的重要潜变量进行验证性因子分析，检验观察变量与潜变量的假设关系，为后面的假设检验奠定基础。

6.1 描述性统计

在统计学中，描述性统计主要用来说明样本的基本信息。通过这些信息，我们可以对研究样本形成一个初步的了解，进而有助于我们更好地理解研究的外部效度。运用 SPSS 15.0 软件中频数和描述等统计功能，本书对样本企业所属的行业、样本企业的规模、经营年限等基本数据信息进行了描述性统计分析（分析结果参见表 6-1、表 6-2、表 6-3）。

表 6-1 样本企业所属行业的描述性统计

企业所属行业	样本数量（个）	百分比（%）
信息技术	24	13.3
新能源	16	8.8
通信技术	17	9.4
机械	45	24.9

续表

企业所属行业	样本数量（个）	百分比（%）
光电子	14	7.7
医药	27	14.9
新材料	10	5.5
文化传媒	16	8.8
其他	12	6.6
合计	181	100

表 6-2　样本企业规模的描述性统计

企业规模	样本数量（个）	百分比（%）
100 人以下	48	26.5
100 ~ 300 人	19	10.5
301 ~ 500 人	58	32.0
501 ~ 800 人	28	15.5
800 人以上	28	15.5
合计	181	100

表 6-3　样本企业经营年限的描述性统计

成立年限	样本数量（个）	百分比（%）
3 年以下	24	13.3
3 ~ 5 年	60	33.1
6 ~ 10 年	49	27.1
11 ~ 20 年	32	17.7
20 年以上	16	8.8
合计	181	100

6.2　信度分析

利用大样本调查的数据，我们运用 SPSS 15.0 中的“Reliability Analysis”分析工具，对总量表和各个分量表进行 Cronbach’α 信度分析（如表 6-4 所示）。分析结果说明，量表修订后，总量表的信度系数为 0.932，各个分量表的信度系数均在 0.7 以上，表明修订后的量表具有较高的可信度。

表 6-4　问卷的 Cronbach's α 信度测量

量　表	Cronbach's α 系数	题项数量	处理方式
总 量 表	0.958	59	接　受
全球产业网络位置	0.831	5	接　受
知识差距	0.805	5	接　受
知识默会性	0.732	4	接　受
吸收能力	0.703	5	接　受
产业远景能力	0.862	3	接　受
认知冲突	0.720	4	接　受
合作善意	0.712	4	接　受
知识获取	0.839	6	接　受
知识转移	0.847	6	接　受
知识利用	0.853	6	接　受
集群关系治理	0.900	5	接　受
集群企业成长	0.842	6	接　受

6.3　效度分析

本书运用 SPSS 15.0 软件对正式问卷的总量表和各分量表的效度进行分析。

6.3.1　全球产业网络位置的效度分析

运用 SPSS 15.0 软件中的"Factor Analysis"工具，对变量"全球产业网络位置"进行效度分析，分析结果表明，KMO 样本测度值为 0.751，大于进行因子分析的最低标准 0.5，因此变量"全球产业网络位置"适合进行因子分析。效度分析的结果显示，Bartlett 半球体检验小于 0.001，拒绝相关矩阵为单位矩阵的原假设，也支持因子分析。我们按照特征根大于 1 的原则和最大方差法正交旋转进行因子抽取，得到"全球产业网络位置"的单因子结构，因子的载荷如表 6-5 所示。

表 6-5 正交旋转后的全球产业网络位置的因子载荷矩阵

变量测量的题项	因子负载（Component）
	1
C1 贵公司与行业内的全球领先企业在市场开拓方面有密切往来	0.603
C2 贵公司与行业内的全球领先企业在技术研发方面有密切往来	0.817
C3 贵公司的经营行为长期得到同行的认可	0.829
C4 贵公司的市场行为通常会对同行产生示范效应	0.806
C5 贵公司的技术研发行为会对行业发展产生重要的影响	0.825
方差解释比例（%）	60.98
总方差解释比例（%）	60.98

从表 6-5 可知，单个因子解释了总方差的 60.98%，说明观察变量对因子的载荷符合要求。因此，全球产业网络位置的分量表具有较高的结构效度，该分量表的设计可以通过。

6.3.2 吸收能力的效度分析

运用 SPSS 15.0 软件中的“Factor Analysis”工具，对变量“吸收能力”进行效度分析，分析结果表明，KMO 样本测度值为 0.778，大于 0.5，说明变量“吸收能力”适合进行因子分析。效度分析的结果显示，Bartlett 半球体检验小于 0.001，拒绝相关矩阵为单位矩阵的原假设，也支持因子分析。我们按照特征根大于 1 的原则和最大方差法正交旋转进行因子抽取，得到两因子结构，因子的载荷如表 6-6 所示（已舍去低于 0.5 的值）。

表 6-6 正交旋转后的吸收能力的因子载荷矩阵

变量测量的题项	因子负载	
	1	2
F1 贵公司知道在组织间学习中应承担什么角色和责任		0.579
F2 对于组织间学习，贵公司制定了明确的目标和计划		0.885
F3 贵公司能在企业内组成一个团队，以获得和利用各种技术前沿信息	0.827	
F4 贵公司知道哪些员工有能力解决技术升级的相关问题	0.714	

续表

变量测量的题项	因子负载	
	1	2
F5 贵公司有能力对来自外界的新技术做出适应性改进	0.602	
方差解释比例（%）	34.324	30.019
总方差解释比例（%）	64.343	

从表 6-6 可知，两个因子共解释了总方差的 64.343%，说明观察变量对因子的载荷符合要求。因此，吸收能力的分量表具有较高的结构效度，该分量表的设计可以通过。

6.3.3　产业远景能力的效度分析

运用 SPSS 15.0 软件中的“Factor Analysis”工具，对变量“产业远景能力”进行效度分析，分析结果表明，KMO 样本测度值为 0.692，大于 0.5，说明变量“产业远景能力”适合进行因子分析。效度分析的结果显示，Bartlett 半球体检验小于 0.001，拒绝相关矩阵为单位矩阵的原假设，也支持因子分析。我们按照特征根大于 1 的原则和最大方差法正交旋转进行因子抽取，得到单因子结构，因子的载荷如表 6-7 所示。

表 6-7　正交旋转后的产业远景能力的因子载荷矩阵

变量测量的题项	因子负载（Component）
	1
G1 贵公司非常清楚应该如何预测竞争对手、顾客、供应商的行为	0.921
G2 贵公司非常清楚应该如何预测宏观环境对产业发展的影响	0.912
G3 贵公司非常清楚应该如何把握产业技术的演化趋势	0.824
方差解释比例（%）	78.642
总方差解释比例（%）	78.642

从表 6-7 可知，单个因子解释了总方差的 78.642%，说明观察变量对因子的载荷符合要求。因此，产业远景能力的分量表具有较高的结构效度，该分量表的设计可以通过。

6.3.4 知识差距的效度分析

运用 SPSS 15.0 软件中的“Factor Analysis”工具，对变量“知识差距”进行效度分析，分析结果表明，KMO 样本测度值为 0.751，大于 0.5，说明变量“知识差距”适合进行因子分析。效度分析的结果显示，Bartlett 半球体检验小于 0.001，拒绝相关矩阵为单位矩阵的原假设，也支持因子分析。我们按照特征根大于 1 的原则和最大方差法正交旋转进行因子抽取，得到单因子结构，因子的载荷如表 6-8 所示。

表 6-8 正交旋转后的知识差距的因子载荷矩阵

变量测量的题项	因子负载（Component）
	1
E1 在我们集群中，集群企业的技术水平与科研实力存在较大差距	0.748
E2 在我们集群中，集群企业的技术投入存在较大差距	0.740
E3 在我们集群中，大家对于集群的技术发展方向有不同的认识	0.774
E4 在我们集群中，企业制定的技术发展战略有所不同	0.813
E5 集群企业关注的技术领域存在较大差异	0.690
方差解释比例（%）	56.815
总方差解释比例（%）	56.815

从表 6-8 可知，单个因子解释了总方差的 56.815%，说明观察变量对因子的载荷符合要求。因此，知识差距的分量表具有较高的结构效度，该分量表的设计可以通过。

6.3.5 知识默会性的效度分析

变量间的相关性检验表明，KMO 样本测度值为 0.720，大于 0.5，可以对变量“知识默会性”进行因子分析。Bartlett 半球体检验小于 0.001，拒绝相关矩阵为单位矩阵的原假设，也支持因子分析。按照特征根大于 1 的原则和最大方差法正交旋转进行因子抽取，得到单因子结构，因子的载荷如表 6-9 所示。

表 6-9　正交旋转后的知识默会性的因子载荷矩阵

变量测量的题项	因子负载（Component）
	1
D1 贵公司很难从集群内的其他组织学到有用的知识	0.660
D2 对于决定集群成功升级的关键技术，我们集群中的企业了解并不是很多	0.789
D3 决定集群升级成功的关键技术很难通过培训来传授	0.824
D4 要完全掌握决定集群升级的关键技术，必须依靠长期积累的工作经验和技巧	0.727
方差解释比例（%）	56.626
总方差解释比例（%）	56.626

从表 6-9 可知，单个因子解释了总方差的 56.626%，观察变量对因子的载荷符合要求。因此，知识默会性的分量表具有较高的结构效度，该分量表的设计可以通过。

6.3.6　认知冲突的效度分析

运用 SPSS 15.0 软件中的“Factor Analysis”工具，对变量“认知冲突”进行效度分析，分析结果表明，KMO 样本测度值为 0.712，大于 0.5，说明变量“认知冲突”适合进行因子分析。效度分析的结果显示，Bartlett 半球体检验小于 0.001，拒绝相关矩阵为单位矩阵的原假设，也支持因子分析。我们按照特征根大于 1 的原则和最大方差法正交旋转进行因子抽取，得到单因子结构，因子的载荷如表 6-10 所示。

表 6-10　正交旋转后的认知冲突的因子载荷矩阵

变量测量的题项	因子负载（Component）
	1
H1 对于集群升级，我们都认为很有必要	0.650
H2 对于如何进行集群升级，我们的认识比较一致	0.801
H3 在集群升级中，各方都清楚自己的任务	0.805
H4 在集群升级中，我们很少会有分歧	0.715
方差解释比例（%）	55.579
总方差解释比例（%）	55.579

从表 6-10 可知，单个因子解释了总方差的 55.579%，观察变量对因子的载荷符合要求。因此，认知冲突的分量表具有较高的结构效度，该分量表的设计可以通过。

6.3.7 合作善意的效度分析

运用 SPSS 15.0 软件中的“Factor Analysis”工具，对变量“合作善意”进行效度分析，分析结果表明，KMO 样本测度值为 0.709，大于 0.5，说明变量“合作善意”适合进行因子分析。效度分析的结果显示，Bartlett 半球体检验小于 0.001，拒绝相关矩阵为单位矩阵的原假设，也支持因子分析。我们按照特征根大于 1 的原则和最大方差法正交旋转进行因子抽取，得到单因子结构，因子的载荷如表 6-11 所示。

表 6-11 正交旋转后的合作善意的因子载荷矩阵

变量测量的题项	因子负载（Component）
	1
I1 在与集群内组织合作时，他们能充分考虑贵公司的利益	0.642
I2 在与集群内组织合作时，他们会充分关注和重视贵公司的需求	0.781
I3 一旦有误会，合作方会主动采取措施消除和弥合	0.805
I4 市场变化时，合作方不会轻易向贵公司转嫁成本	0.722
方差解释比例（%）	54.789
总方差解释比例（%）	54.789

从表 6-11 可知，单个因子解释了总方差的 54.789%，说明观察变量对因子的载荷符合要求。因此，合作善意的分量表具有较高的结构效度，该分量表的设计可以通过。

6.3.8 知识获取的效度分析

运用 SPSS 15.0 软件中的“Factor Analysis”工具，对变量“知识获取”进行效度分析，分析结果表明，KMO 样本测度值为 0.750，大于 0.5，说明变量“知识获取”适合进行因子分析。效度分析的结果显示，Bartlett 半球体检验小于 0.001，拒绝相关矩阵为单位矩阵的原假设，也支持因子分析。我们按照特征根大于 1 的原则和最大方差法正交旋转进行因子抽取，得到单因子结构，因子的载荷如表 6-12 所示。

表 6-12　正交旋转后的知识获取的因子载荷矩阵

变量测量的题项	因子负载（Component）
	1
J1 我们从集群外部获得了技术创新所需的信息	0.666
J2 我们从集群外部获得了技术创新所需的经验、技术、方法等知识	0.829
J3 我们从集群外部获得了市场创新所需的信息	0.624
J4 我们从集群外部获得了市场创新所需的经验、技术、方法等知识	0.744
J5 从集群外部获得信息、经验、技术和方法等知识有效地推动了我们的技术创新	0.849
J6 从集群外部获得信息、经验、技术和方法等知识有效地推动了我们的市场创新	0.780
方差解释比例（%）	56.725
总方差解释比例（%）	56.725

从表 6-12 可知，单个因子解释了总方差的 56.725%，说明观察变量对因子的载荷符合要求。因此，知识获取的分量表具有较高的结构效度，该分量表的设计可以通过。

6.3.9　知识转移的效度分析

运用 SPSS 15.0 软件中的“Factor Analysis”工具，对变量“知识转移”进行效度分析，分析结果表明，KMO 样本测度值为 0.760，大于 0.5，说明变量“知识转移”适合进行因子分析。效度分析的结果显示，Bartlett 半球体检验小于 0.001，拒绝相关矩阵为单位矩阵的原假设，也支持因子分析。我们按照特征根大于 1 的原则和最大方差法正交旋转进行因子抽取，得到单因子结构，因子的载荷如表 6-13 所示。

表 6-13 正交旋转后的知识转移的因子载荷矩阵

变量测量的题项	因子负载（Component）
	1
K1 我们从集群其他组织那里得到了技术创新必需的各种信息	0.670
K2 我们从集群其他组织那里得到了技术创新必需的经验、技术、方法等知识	0.830
K3 我们从集群其他组织那里得到了市场创新必需的各种信息	0.635
K4 我们从集群其他组织那里得到了市场创新必需的经验、技术、方法等知识	0.756
K5 只要集群其他组织有我们需要的知识或技术，我们一般都可以从他们那里得到	0.857
K6 对转移过来的知识或技术，我们拥有所有权	0.789
方差解释比例（%）	57.838
总方差解释比例（%）	57.838

从表 6-13 可知，单个因子解释了总方差的 57.838%，说明观察变量对因子的载荷符合要求。因此，知识转移的分量表具有较高的结构效度，该分量表的设计可以通过。

6.3.10 知识利用的效度分析

运用 SPSS 15.0 软件中的“Factor Analysis”工具，对变量“知识利用”进行效度分析，分析结果表明，KMO 样本测度值为 0.812，大于 0.5，说明变量“知识利用”适合进行因子分析。效度分析的结果显示，Bartlett 半球体检验小于 0.001，拒绝相关矩阵为单位矩阵的原假设，也支持因子分析。我们按照特征根大于 1 的原则和最大方差法正交旋转进行因子抽取，得到单因子结构，因子的载荷如表 6-14 所示。

表 6-14 正交旋转后的知识利用的因子载荷矩阵

变量测量的题项	因子负载（Component）
	1
L1 在集群升级中，集群成员利用新知识来进行工艺创新	0.731
L2 在集群升级中，集群成员利用新知识来优化流程	0.845

续表

变量测量的题项	因子负载（Component）
	1
L3 在集群升级中，集群成员利用新知识来提升产品整体功能	0.634
L4 在集群升级中，集群成员利用新知识来开发新产品	0.740
L5 在集群升级中，集群成员利用新知识来进入新的产业领域	0.865
L6 在集群升级中，集群成员利用新知识开发新技术	0.758
方差解释比例（%）	58.701
总方差解释比例（%）	58.701

从表 6-14 可知，单个因子解释了总方差的 58.701%，说明观察变量对因子的载荷符合要求。因此，知识利用分量表具有较高的结构效度，该分量表的设计可以通过。

6.3.11　集群关系治理的信度分析和效度分析

运用 SPSS 15.0 软件中的"Factor Analysis"工具，对变量"集群关系治理"进行效度分析，分析结果表明，KMO 样本测度值为 0. 824，大于 0.5，说明变量"集群关系治理"适合进行因子分析。效度分析的结果显示，Bartlett 半球体检验小于 0.001，拒绝相关矩阵为单位矩阵的原假设，也支持因子分析。我们按照特征根大于 1 的原则和最大方差法正交旋转进行因子抽取，得到单因子结构，因子的载荷如表 6-15 所示。

表 6-15　正交旋转后的集群关系治理的因子载荷矩阵

变量测量的题项	因子负载（Component）
	1
M1 集群中存在公开的沟通的信息分享	0.831
M2 集群成员的失信行为，会受到大家的谴责	0.835
M3 集群中存在协作和共同解决问题的机制	0.868
M4 集群成员会根据环境变化动态调整合同或协作机制	0.886
M5 集群中存在彼此信任的文化氛围	0.823
方差解释比例（%）	72.088
总方差解释比例（%）	72.088

从表 6-15 可知，单个因子解释了总方差的 72.088%，观察变量对因子的载荷符合要求。因此，集群关系治理的分量表具有较高的结构效度，该分量表的设计可以通过。

6.3.12 集群企业成长的效度分析

运用 SPSS 15.0 软件中的"Factor Analysis"工具，对变量"集群企业成长"进行效度分析，分析结果表明，KMO 样本测度值为 0.759，大于 0.5，说明变量"集群企业成长"适合进行因子分析。效度分析的结果显示，Bartlett 半球体检验小于 0.001，拒绝相关矩阵为单位矩阵的原假设，也支持因子分析。我们按照特征根大于 1 的原则和最大方差法正交旋转进行因子抽取，得到单因子结构，因子的载荷如表 6-16 所示。

表 6-16 正交旋转后的集群企业成长的因子载荷矩阵

变量测量的题项	因子负载（Component）
	1
O1 与行业平均水平相比，贵公司近两年的利润率增长情况	0.698
O2 与行业平均水平相比，贵公司近两年的销售额增长情况	0.824
O3 与行业平均水平相比，贵公司近两年的净资产增长情况	0.611
O4 与行业平均水平相比，贵公司近两年的市场份额增长情况	0.739
O5 与行业平均水平相比，贵公司近两年的客户满意度情况	0.849
O6 与行业平均水平相比，贵公司近两年的新产品销售收入增长情况	0.787
方差解释比例（%）	57.092
总方差解释比例（%）	57.092

从表 6-16 可知，单个因子解释了总方差的 57.092%，观察变量对因子的载荷符合要求。因此，集群企业成长的分量表具有较高的结构效度，该分量表的设计可以通过。

6.4　验证性因子分析

在社会科学的研究中，对于一些无法直接测量的潜变量，需要利用 2 个或 2 个以上的观察变量来进行间接测量。遗憾的是，很多时候，观察变量仅仅是潜变量的不完美测量指标。也就是说，观察变量往往存在测量误差。在结构方程模型中，一般使用验证性因子分析（CFA）来验证观察变量与潜变量之间的关系，证明模型理论基础的合理性，检验结构效度并进行修正。考虑到本书的部分变量源自前人的研究成果，在之前的研究中已经证实了其量表具有较高的效度，因此，本书只是对部分变量（包括全球产业网络位置、知识差距、认知冲突和合作善意等）进行验证性因子分析，以验证模型理论基础的合理性并做出相应修正，为后续的结构方程模型分析奠定基础。

前一章中采用探索性因子分析（EFA）的方法，探讨量表中各变量的面向性，并采用 Cronbach'α 信度系数法对各变量的量表进行了信度分析。由于验证性因子分析（CFA）对测量工具信度与效度的评估更具操作性与实质性（Bollen, 1989）。

本章将对各变量进行验证性因子分析（CFA），采用的适配度评价指标主要包括：

（1）χ^2/df（卡方与自由度之比）指标。χ^2/df 是直接检验样本协方差矩阵和估计的协方差矩阵间的相似程度的统计量。χ^2/df 的理论期望值为 1，χ^2/df 越接近 1，说明样本协方差矩阵和估计的协方差矩阵的相似程度越大，模型的拟合度越好。有些学者认为，χ^2/df 之比应该不大于 3（Hildebrandt, 1983; Ritter & Gemunden, 2004），在实际研究中，当 $\chi^2/df < 5$ 时，可以认为模型的拟合度比较好。本书以 $\chi^2/df < 5$ 作为模型是可以接受的标准。

（2）拟合指数。拟合指数包括良好拟合指数（GFI）、调整拟合指数（AGFI）、规范拟合指数（NFI）和比较拟合指数（CFI）等。GFI 可以理解为假设模型能够解释的方差和协方差比例的一个测度。AGFI 的目的在于利用自由度与变项个数之组织变形为调整 GFI。NFI 是测量独立模型与设定模型之间卡方值的缩小比例，NFI 有一定的局限性，一方面它不能控制自由度，另一方面 NFI 的抽样分布平均值与样本规模正相关。CFI 是通过与独立模型相比较来评价拟合程度。拟合指数 GFI、NFI、FII、CFI 的值均要超过 0.90，才可表示模型拟合良好（Bagozzi & Yi, 1988; Bollen, 1989; Hair et al., 1998）。

（3）近似误差的均方根（RMSEA）。当 RMSEA 值小于 0.05 表示理论模型可以接受，并认为是“良好适配”（Browne & Mels, 1990; Steiger, 1989）；0.05～0.08 认为是“较好的适配”（Browne & Cudeck, 1993）；0.08～0.10 是“中度适配”；大于 0.10 则表示是“不良适配”（黄芳铭，2005）。

我们可以将结构方程模型的适配度指标数值范围及其理想数值归纳如表 6-17 所示。

表 6-17 最佳适配度评判指标

统计检验量	数值范围	适配的标准或临界值
绝对适配度指数		
χ^2/df	＞0	＜5，＜3 更佳（其中 P＞0.05）
RMSEA	＞0	＜0.10，＜0.05 更佳
GFI	0~1，可能出现负值	＞0.9
AGFI	0~1，可能出现负值	＞0.9
增值适配度指数		
NFI	0~1	＞0.9
CFI	0~1	＞0.9

资料来源：相关文献整理设计。

6.4.1 全球产业网络位置的验证性因子分析

对大样本调查获得的数据，运用 Amos 17.0 软件进行验证性因子分析。在初始模型 M_1 的各项拟合指标中，$\chi^2/df > 2$，$P < 0.05$，说明初始模型 M_1 与样本数据存在明显差异。RMSEA＞0.05，说明初始模型 M_1 需要进行修正。

参考 Amos 的修改建议，修正模型 M_2 在观察变量 C1 和 C2、C1 和 C5、C4 和 C5 间建立误差关联。在修正模型 M_2 的各项拟合指标中，$\chi^2/df < 2$，$P > 0.05$。GFI=0.949，大于 0.90 的可接受值。RMSEA=0.040，小于 0.05，说明假设模型的绝对适配良好。NFI=0.932，CFI=0.983，大于 0.90 的接受值，

说明假设模型的增值适配良好（初始模型 M_1 和修正模型 M_2 的各项拟合指标如表 6-18 所示）。

表 6-18　全球产业网络位置验证性因子分析的拟合度检验

	χ^2/df	P	GFI	AGFI	NFI	CFI	RMSEA
M_1	3.348	0.000	0.859	0.562	0.812	0.858	0.112
M_2	1.305	0.078	0.949	0.572	0.932	0.983	0.040

综合以上各个指标的分析，本书接受修正模型 M_2 作为全球产业网络位置的验证性因子分析模型。模型的观察变量对应于潜变量“全球产业网络位置”的因子载荷如图 6-1 所示。

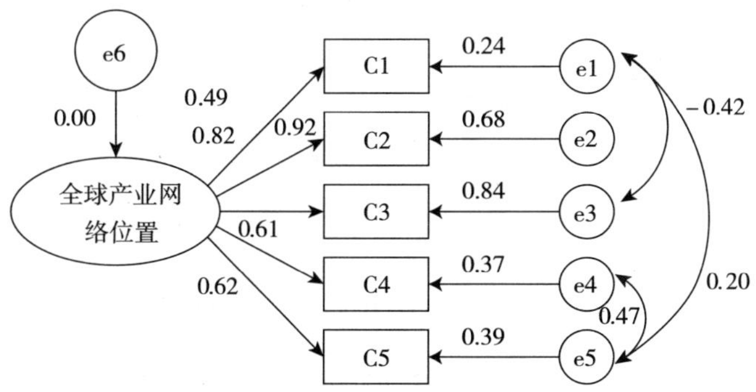

图 6-1　全球产业网络位置的验证性因子分析

6.4.2　知识差距的验证性因子分析

对大样本调查获得的数据，运用 Amos 17.0 软件进行验证性因子分析。

在初始模型 M_1 的各项拟合指标中，$\chi^2/df > 2$，$P < 0.05$，说明初始模型 M_1 与样本数据存在明显差异。RMSEA > 0.05，说明初始模型 M_1 需要进行修正。

参考 Amos 的修改建议，修正模型 M_2 在观察变量 D1 与 D2、D2 与 D5 间建立误差关联。在修正模型 M_2 的各项拟合指标中，$\chi^2/df < 1$，$P > 0.05$。GFI 值为 0.996，大于 0.90 的可接受值。RMSEA=0.000，小于 0.05，AGFI=0.980，说明修正模型 M_2 的绝对适配良好。NFI=0.994，CFI=1.00，大于 0.90 的接受值，

说明修正模型 M_2 的增值适配良好（初始模型 M_1 和修正模型 M_2 的各项拟合指标如表 6-19 所示）。

表 6-19　知识差距验证性因子分析的拟合度检验

	χ^2/df	P	GFI	AGFI	NFI	CFI	RMSEA
M_1	8.273	0.000	0.921	0.762	0.865	0.877	0.201
M_2	0.595	0.618	0.996	0.980	0.994	1.000	0.000

综合以上各个指标的分析，本书接受修正模型 M_2 作为知识差距验证性因子分析的模型。模型各观察变量对应于潜变量“知识差距”的因子载荷如图 6-2 所示。

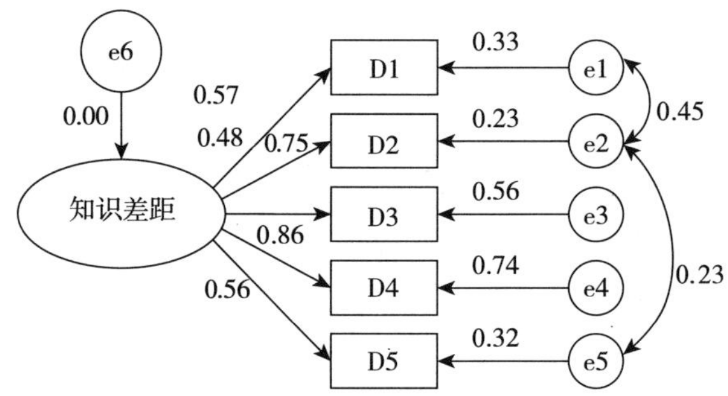

图 6-2　知识差距的验证性因子分析

6.4.3　认知冲突的验证性因子分析

对大样本调查获得的数据，运用 Amos 17.0 软件进行验证性因子分析。在初始模型 M_1 的各项拟合指标中，$\chi^2/df > 2$，$P < 0.05$，说明初始模型 M_1 与样本数据存在明显差异。$RMSEA > 0.05$，说明初始模型 M_1 需要进行修正。

表 6-20　认知冲突验证性因子分析的拟合度检验

	χ^2/df	P	GFI	AGFI	NFI	CFI	RMSEA
M_1	3.083	0.046	0.984	0.921	0.961	0.972	0.108
M_2	0.813	0.367	0.998	0.978	0.995	1.000	0.000

参考 Amos 的修改建议，修正模型 M_2 在观察变量 G1 与 G3 间建立误差关联。

在修正模型 M_2 的各项拟合指标中，$\chi^2/df=0.813$，小于 1；P=0.367 > 0.05。GFI 值为 0.998，大于 0.90 的可接受值。RMSEA=0.000，小于 0.05，AGFI=0.978，说明修正模型 M_2 的绝对适配良好。NFI=0.995，CFI=1.000，大于 0.90 的接受值，说明修正模型 M_2 的增值适配良好（初始模型 M_1 和修正模型 M_2 的各项拟合指标如表 6-20 所示）。

综合以上各个指标的分析，本书接受修正模型 M_2 作为认知冲突验证性因子分析的模型。模型各观察变量对应于潜变量“认知冲突”的因子载荷如图 6-3 所示。

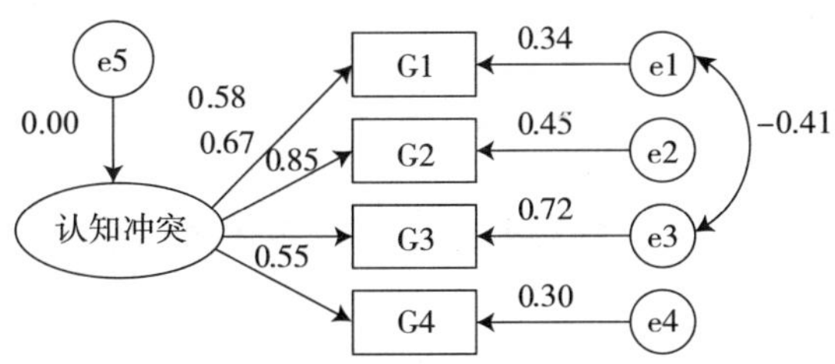

图 6−3　认知冲突的验证性因子分析

6.4.4　合作善意的验证性因子分析

对大样本调查获得的数据，运用 Amos 17.0 软件进行验证性因子分析。在初始模型 M_1 的各项拟合指标中，$\chi^2/df > 2$，$P < 0.05$，说明初始模型 M_1 与样本数据存在明显差异。RMSEA > 0.05，说明初始模型 M_1 需要进行修正。

参考 Amos 的修改建议，修正模型 M_2 在观察变量 H2 与 H3 间建立误差关联。在修正模型 M_2 的各项拟合指标中，$\chi^2/df=2.668$，$\chi^2/df < 5$，P=0.102，P > 0.05。GFI 值为 0.993，大于 0.90 的可接受值。RMSEA=0.096，小于 0.1；AGFI=0.927，说明修正模型 M_2 的绝对适配良好。NFI=0.982，CFI=0.988 > 0.90 的接受值，说明修正模型 M_2 的增值适配良好（初始模型 M_1 和修正模型 M_2 的各项拟合指标如表 6-21 所示）。

表 6-21 合作善意验证性因子分析的拟合度检验

	χ^2/df	P	GFI	AGFI	NFI	CFI	RMSEA
M_1	2.946	0.053	0.985	0.924	0.960	0.973	0.104
M_2	2.668	0.102	0.993	0.927	0.982	0.988	0.096

综合以上各个指标的分析，本书接受修正模型 M_2 作为合作善意验证性因子分析的模型。模型各观察变量对应于潜变量“合作善意”的因子载荷如图 6-4 所示。

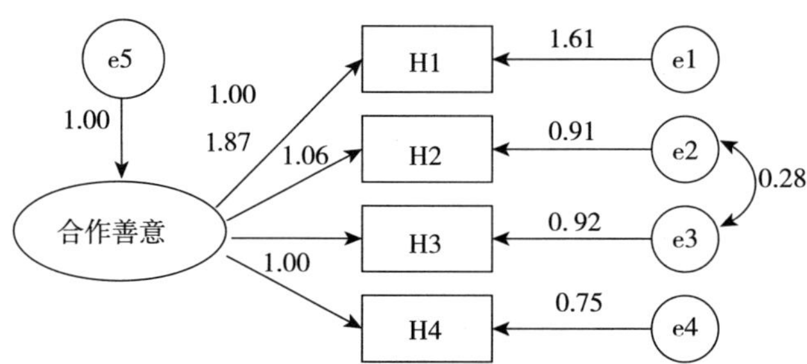

图 6-4 合作善意的验证性因子分析

第7章 假设检验

前文建立了集群知识网络、集群学习与集群企业成长的关系模型，提出了相关的假设，并对变量进行了度量，本章将运用线性回归分析、结构方程模型、层次回归分析等方法对前文提出的理论假设进行实证检验。

7.1 集群知识网络、知识获取与集群企业成长的关系检验

7.1.1 集群企业的知识获取对集群企业成长的直接作用

本书在第4章提出了假设，“集群企业获得的新知识越多，集群企业的成长性越好”。将大样本调查的数据输入SPSS15.0进行回归分析，回归模型的拟合情况如表7-1所示。可以看出模型是显著的，显著性水平为0.001，同时调整后的 R^2 达到0.877。

表7-1 知识获取对集群企业成长的影响模型的拟合情况

N	R^2	Adj R^2	F	Sig.
181	0.878	0.877	1282.51	0.000

回归分析的结果见表7-2。从表7-2可以看出，集群企业的知识获取与集群企业成长存在显著的正相关关系，回归系数为0.947（$P < 0.001$）。

表 7-2 知识获取对集群企业成长影响的回归分析结果

Variable	B	Std. Error	t	Sig.
截 距	0.134	0.133	1.004	0.000
知识获取	0.947	0.026	35.812	0.000

7.1.2 集群知识网络对集群企业知识获取的直接作用

前文在第 4 章提出了假设："集群知识网络的开放性越大，集群企业获得的新知识越多"；假设"集群企业在全球产业网络中的中心性越高，获取的新知识越多"。

对大样本调查获得的数据，运用 Amos 17.0 软件进行分析。在初始模型 M_1 的各项拟合指标中，$\chi^2/df > 2$，$P < 0.05$，说明初始模型 M_1 与样本数据存在明显差异。$RMSEA > 0.05$，说明初始模型 M_1 需要进行修正。

参考 Amos 17.0 软件输出结果中的修改建议，修正模型 M_2 在观察变量 J2 与 J4、J2 与 J5 以及 J1 与 J6 之间建立误差关联。在修正后的模型 M_2 中，各项拟合指标得到了较为明显的改善。其中，$\chi^2/df=1.449$，小于 5；P=0.109，大于 0.05。GFI 值为 0.970，大于 0.90 的可接受值。RMSEA=0.050，小于 0.1；AGFI=0.933，说明修正模型 M_2 的绝对适配良好。NFI=0.956，CFI=0.986，大于 0.90 的接受值，说明修正模型 M_2 的增值适配良好（初始模型 M_1 和修正模型 M_2 的各项拟合指标如表 7-3 所示）。

表 7-3 集群知识网络对集群企业知识获取直接作用的拟合度检验

	χ^2/df	P	GFI	AGFI	NFI	CFI	RMSEA
M_1	3.776	0.000	0.928	0.863	0.864	0.894	0.124
M_2	1.449	0.109	0.970	0.933	0.956	0.986	0.050

综合以上各个指标的分析，本书接受修正模型 M_2 作为集群知识网络对集群企业知识获取直接作用的结构方程模型。修正模型 M_2 的最优拟合解如图 7-1 所示。

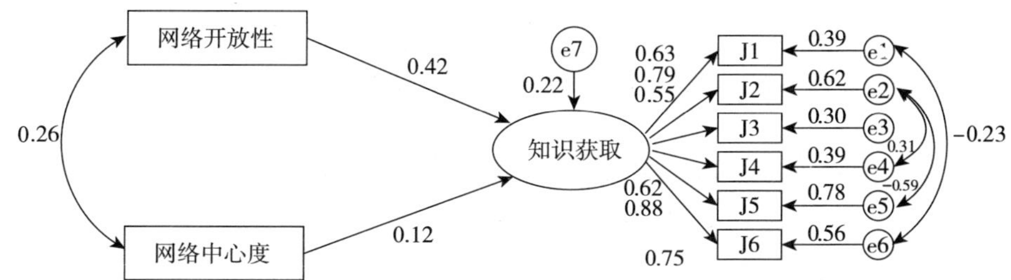

图 7-1　集群知识网络对知识获取的直接作用验证模型

从图 7-1 可以得到如下假设检验结果：集群知识网络的开放性与集群企业获得的新知识存在显著的正向关系，回归系数为 0.42（P ＜ 0.001），集群企业在全球产业网络中的中心性与获取的新知识存在显著的正向关系，回归系数为 0.12（P ＜ 0.1）。

7.1.3　吸收能力在集群知识网络对集群企业知识获取影响中的中介作用

在所有检验中介作用的方法中，Baron 和 Kenny（1986）提出的方法是最常用的，也是最经典的。根据 Baron 和 Kenny（1986）检验中介作用的思想，本书通过以下步骤检验理论模型中的中介作用：①检验自变量和因变量之间的因果关系是否显著。如果自变量和因变量之间的因果关系显著，继续下面的步骤；反之，则停止，说明中介作用不存在。②加入中介变量构成全模型，检验自变量与中介变量是否显著、中介变量与因变量之间是否显著。③在中介变量加入模型后，检验自变量与因变量的关系的变化。如果上述①和②全部满足且自变量与因变量仍然显著相关，但显著性较加入中介变量前有所降低，则该中介变量是部分中介变量（Partial Mediator）。如果上述①和②全部满足且自变量与因变量的作用消失，则该中介变量是完全中介变量（Full Mediator）。下面本书将按照以上步骤，利用 Amos 17.0 软件来检验中介作用是否成立。

前文在第 4 章假设“集群企业的吸收能力在知识网络的开放性与知识获取之间存在中介作用”“集群企业的吸收能力在其所处的全球产业网络位置与知识获取之间存在中介作用”。

对大样本调查获得的数据，运用 Amos 17.0 软件进行分析。在初始模型

M_1 的各项拟合指标中，$\chi^2/df > 2$，$P < 0.05$，说明初始模型 M_1 与样本数据存在明显差异。RMSEA > 0.05，说明初始模型 M_1 需要进行修正。

表 7-4　吸收能力在集群知识网络对集群企业知识获取影响的中介作用的拟合度检验

	χ^2/df	P	GFI	AGFI	NFI	CFI	RMSEA
M_1	2.270	0.000	0.911	0.867	0.912	0.948	0.084
M_2	1.332	0.051	0.942	0.903	0.954	0.988	0.043

参考 Amos 17.0 软件输出结果中的修改建议，修正模型 M_2 在观察变量 J1 与 J2、J3 与 J4、J2 与 J4、J2 与 J5、J1 与 J6 之间建立误差关联。在修正后的模型 M_2 中，各项拟合指标得到了较为明显的改善。其中，χ^2/df=1.332，小于 5；P=0.051，大于 0.05。GFI 值为 0.942，大于 0.90 的可接受值。RMSEA=0.043，小于 0.1；AGFI=0.903，说明修正模型 M_2 的绝对适配良好。NFI=0.954，CFI=0.988，大于 0.90 的接受值，说明修正模型 M_2 的增值适配良好（初始模型 M_1 和修正模型 M_2 的各项拟合指标如表 7-4 所示）。

综合以上各个指标的分析，本书接受修正模型 M_2 作为吸收能力在集群知识网络对集群企业知识获取影响的中介作用的结构方程模型。修正模型 M_2 的最优拟合解如图 7-2 所示。

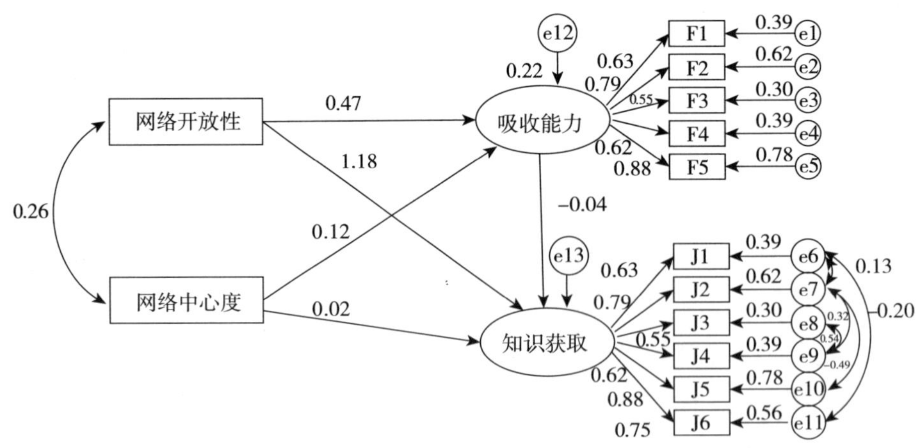

图 7-2　吸收能力在集群知识网络对集群企业知识获取影响的中介作用验证模型

从图 7-2 可知，“网络开放性”与中介变量“吸收能力”在 $P < 0.001$ 水平下显著，“网络中心度”与中介变量“吸收能力”在 $P < 0.05$ 水平下显著。中介变量“吸收能力”与“知识获取”在 $P < 0.05$ 水平下显著。在加入中介变量“吸收能力”后，“网络开放性”与“知识获取”的显著性降低，“网络中心度”与“知识获取”的显著性降低。由此，我们可以得到以下假设检验结果：吸收能力在网络开放性与知识获取间存在部分中介作用，吸收能力在网络中心度与知识获取间存在部分中介作用。

7.1.4　产业远景能力在集群知识网络对集群企业知识获取影响中的中介作用

前文在第 4 章假设“集群企业的产业远景能力在知识网络的开放性与知识获取之间存在中介作用”，假设“集群企业的产业远景能力在其所处的全球产业网络位置与知识获取之间存在中介作用”。

对大样本调查获得的数据，运用 Amos 17.0 软件进行分析。在初始模型 M_1 的各项拟合指标中，$\chi^2/df > 2$，$P < 0.05$，说明初始模型 M_1 与样本数据存在明显差异。RMSEA > 0.05，说明初始模型 M_1 需要进行修正。

表 7-5　产业远景能力在集群知识网络对集群企业知识获取影响的中介作用的拟合度检验

	χ^2/df	P	GFI	AGFI	NFI	CFI	RMSEA
M_1	2.239	0.000	0.931	0.886	0.900	0.941	0.083
M_2	1.184	0.215	0.960	0.928	0.951	0.992	0.032

参考 Amos 17.0 软件输出结果中的修改建议，修正模型 M_2 在观察变量 J1 与 J2、J2 与 J4、J2 与 J5 之间建立误差关联。在修正后的模型 M_2 中，各项拟合指标得到了较为明显的改善。其中，χ^2/df =1.184，小于 5；P=0.215，大于 0.05。GFI 值为 0.960，大于 0.90 的可接受值。RMSEA=0.032，小于 0.1；AGFI=0.928，说明修正模型 M_2 的绝对适配良好。NFI=0.951，CFI=0.992，大于 0.90 的接受值，说明修正模型 M_2 的增值适配良好（初始模型 M_1 和修正模型 M_2 的各项拟合指标如表 7-5 所示）。

综合以上各个指标的分析，本书接受修正模型 M_2 作为产业远景能力在集群知识网络对集群企业知识获取影响的中介作用的结构方程模型。修正模型 M_2 的最优拟合解如图 7-3 所示。

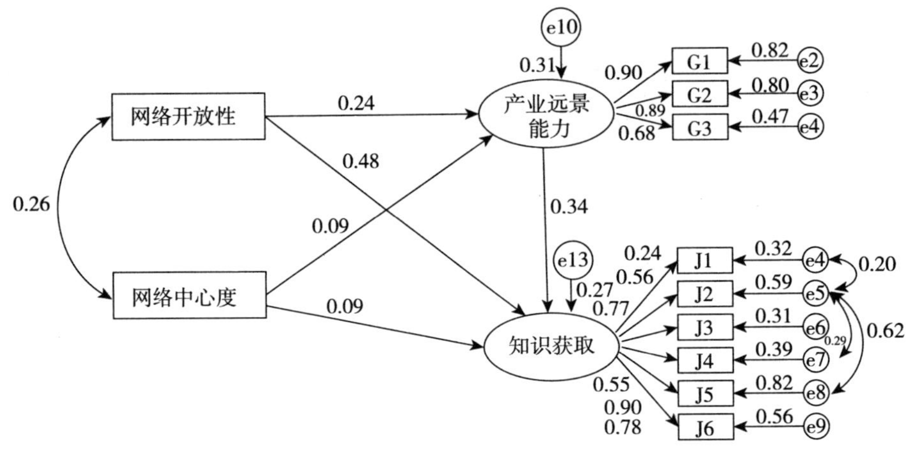

图 7-3　产业远景能力在集群知识网络对集群企业知识获取影响的中介作用验证模型

从图 7-3 可知，“网络开放性”与中介变量“产业远景能力”在 $P < 0.01$ 水平下显著，“网络中心度”与中介变量“产业远景能力”的关系不显著。中介变量“产业远景能力”与“知识获取”在 $P < 0.001$ 水平下显著。在加入中介变量“产业远景能力”后，“网络开放性”与“知识获取”的显著性降低。由此，我们可以得到以下假设检验结果：产业远景能力在网络开放性与知识获取间存在部分中介作用，产业远景能力在网络中心度与知识获取间不存在中介作用。

7.1.5　集群知识网络的关系治理在知识网络与知识获取间的调节作用

在第 4 章的假设模型中，本书提出了“集群知识网络的关系治理在网络开放性与知识获取之间存在调节作用”，提出了“集群知识网络的关系治理在网络中心度与知识获取之间存在调节作用”。下面我们运用层次回归分析方法来检验调节作用是否存在。

运用 SPSS 15.0 统计软件进行层次回归分析。第一步，使两个自变量——网络开放性、网络中心度以及调节变量“集群知识网络的关系治理”进入回归方程，对其与知识获取进行回归。第二步，为了检验调节效应，使变量“网络开放性 * 关系治理”“网络中心度 * 关系治理”进入回归方程。统计结果如表 7-6 所示。

表 7-6　集群知识网络的关系治理对集群知识网络与知识获取的调节作用

	知识获取			
	模型 I		模型 II	
	B	T	B	T
控制变量				
行业	控制		控制	
主效应				
网络开放性	0.081	1.008	0.605**	2.022
网络中心度	0.191***	2.717	−0.672*	−1.798
集群知识网络的关系治理	0.574***	7.316	0.128	0.307
交互效应				
网络开放性 * 关系治理			−0.097*	−1.832
网络中心度 * 关系治理			0.172**	2.332
R^2	0.396		0.421	
Adj R^2	0.386		0.405	
F	38.702		25.483	

注：*** 代表 P < 0.01，** 代表 P < 0.05，* 代表 P < 0.1。

对集群知识网络的关系治理与网络开放性、网络中心度交互作用的回归分析发现：集群知识网络的关系治理没有调节了网络开放性与知识获取间的关系。集群知识网络的关系治理负向调节了网络中心度与知识获取间的关系。

7.2　集群知识网络、知识转移与集群企业成长的关系检验

7.2.1　集群企业的知识转移对集群企业成长的直接作用

本书在第 4 章提出了假设，“集群知识网络的知识转移效果越好，集群企业的成长性越好”。将大样本调查的数据输入 SPSS15.0 进行回归分析，

回归模型的拟合情况如表 7-7 所示。可以看出模型是显著的，显著性水平为 0.001，同时调整后的 R^2 达到 0.785。

表 7-7 知识转移对集群企业成长的影响模型的拟合情况

N	R^2	Adj R^2	F	Sig.
181	0.786	0.785	658.863	0.000

回归分析的结果见表 7-8。从表 7-8 可以看出，知识转移与集群企业成长存在显著的正相关关系，回归系数为 0.874（$P < 0.001$）。

表 7-8 知识转移对集群企业成长影响的回归分析结果

Variable	B	Std. Error	t	Sig.
截距	0.526	0.170	3.091	0.002
知识转移	0.874	0.034	25.668	0.000

7.2.2 集群知识网络对集群企业知识转移的直接作用

前文在第 4 章提出了假设："集群知识网络的密度越大，知识转移效果越好"，假设"集群知识网络的结构对等性越强，知识转移效果越好"，"集群知识网络成员间的知识差距越大，知识转移效果越差"。

对大样本调查获得的数据，运用 Amos 17.0 软件进行分析。在初始模型 M_1 的各项拟合指标中，$\chi^2/df > 2$，$P < 0.05$，说明初始模型 M_1 与样本数据存在明显差异。$RMSEA > 0.05$，说明初始模型 M_1 需要进行修正。

表 7-9 集群知识网络对集群企业知识转移直接作用的拟合度检验

	χ^2/df	P	GFI	AGFI	NFI	CFI	RMSEA
M_1	3.191	0.000	0.873	0.816	0.784	0.838	0.110
M_2	2.020	0.067	0.938	0.917	0.918	0.933	0.075

参考 Amos 17.0 软件输出结果中的修改建议，修正模型 M_2 在观察变量 E2 与 E3、E2 与 E4 、E4 与 E5、K1 与 K3、K2 与 K4、K2 与 K5、K1 与 K6 之间建立误差关联。在修正后的模型 M_2 中，各项拟合指标得到了较为明显的改

善。其中，χ^2/df=2.668，小于 5；P=0.067，大于 0.05。GFI 值为 0.938，大于 0.90 的可接受值。RMSEA=0.075，小于 0.1；AGFI=0.917，说明修正模型 M_2 的绝对适配良好。NFI=0.918，CFI=0.933，大于 0.90 的接受值，说明修正模型 M_2 的增值适配良好（初始模型 M_1 和修正模型 M_2 的各项拟合指标如表 7-9 所示）。

综合以上各个指标的分析，本书接受修正模型 M_2 作为集群知识网络对集群企业知识转移直接作用的结构方程模型。修正模型 M_2 的最优拟合解如图 7-4 所示。

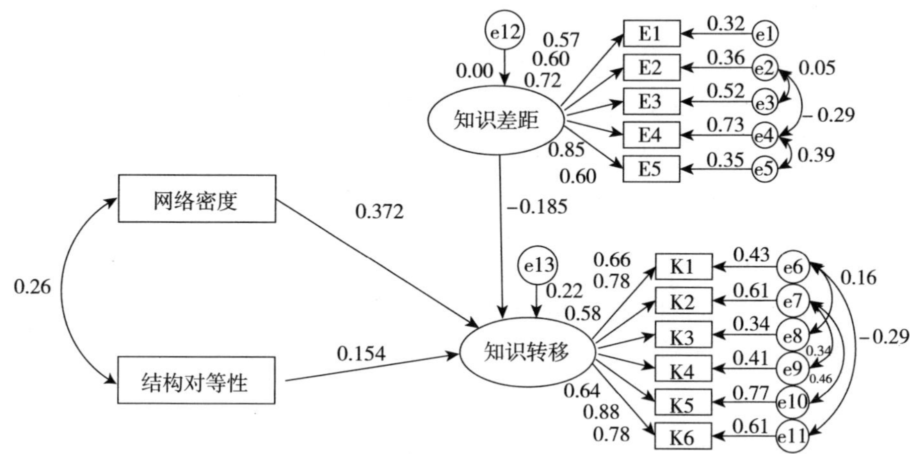

图 7-4　集群知识网络对知识转移的直接作用验证模型

从图 7-4 可以得到如下假设检验结果：集群知识网络的密度与集群企业的知识转移存在显著的正向关系，回归系数为 0.372（$P < 0.001$）；集群知识网络的结构对等性与知识转移存在显著的正向关系，回归系数为 0.154（$P < 0.1$）；集群知识网络成员间的知识差距与知识转移存在显著的负向关系，回归系数为 -0.185（$P < 0.1$）。

7.2.3　知识默会性在集群知识网络与知识转移间的中介作用

前文在第 4 章假设"集群企业的知识默会性在知识网络的密度与知识转移之间存在中介作用"，假设"集群企业的知识默会性在结构对等性与知识转移之间存在中介作用"，假设"集群企业的知识默会性在知识差距与知识转移之间存在中介作用"。

对大样本调查获得的数据，运用 Amos 17.0 软件进行分析。在初始模型 M_1 的各项拟合指标中，$\chi^2/df > 2$，$P < 0.05$，说明初始模型 M_1 与样本数据存在明显差异。RMSEA > 0.05，说明初始模型 M_1 需要进行修正。

表 7-10　知识默会性在集群知识网络对集群企业知识获取影响的中介作用的拟合度检验

	χ^2/df	P	GFI	AGFI	NFI	CFI	RMSEA
M_1	2.260	0.000	0.870	0.823	0.794	0.871	0.084
M_2	1.470	0.051	0.942	0.903	0.908	0.956	0.051

参考 Amos 17.0 软件输出结果中的修改建议，修正模型 M_2 在观察变量 D2 与 D3、E 1 与 E4、E2 与 E3、E2 与 E4、E4 与 E5、K1 与 K3、K1 与 K6、K2 与 K5、K2 与 K4 之间建立误差关联。在修正后的模型 M_2 中，各项拟合指标得到了较为明显的改善。其中，$\chi^2/df=1.470$，小于 5；P=0.0051，大于 0.05。GFI 值为 0.942，大于 0.90 的可接受值。RMSEA=0.051，小于 0.1；AGFI=0.903，说明修正模型 M_2 的绝对适配良好。NFI=0.908，CFI=0.956，大于 0.90 的接受值，说明修正模型 M_2 的增值适配良好（初始模型 M_1 和修正模型 M_2 的各项拟合指标如表 7-10 所示）。

综合以上各个指标的分析，本书接受修正模型 M_2 作为知识默会性在集群知识网络对集群企业知识转移影响的中介作用的结构方程模型。修正模型 M_2 的最优拟合解如图 7-5 所示。

从图 7-5 可知，“网络密度”与中介变量“知识默会性”在 $P < 0.001$ 水平下显著，“结构对等性”与中介变量“知识默会性”的关系不显著，“知识差距”与中介变量“知识默会性”不显著。中介变量“知识默会性”与“知识转移”在 $P < 0.001$ 水平下显著。在加入中介变量“知识默会性”后，“网络密度”与“知识转移”的显著性降低。由此，我们可以得到以下假设检验结果：知识默会性在网络密度与知识转移间存在部分中介作用，知识默会性在结构对等性与知识转移间不存在中介作用，知识默会性在知识差距与知识转移间不存在中介作用。

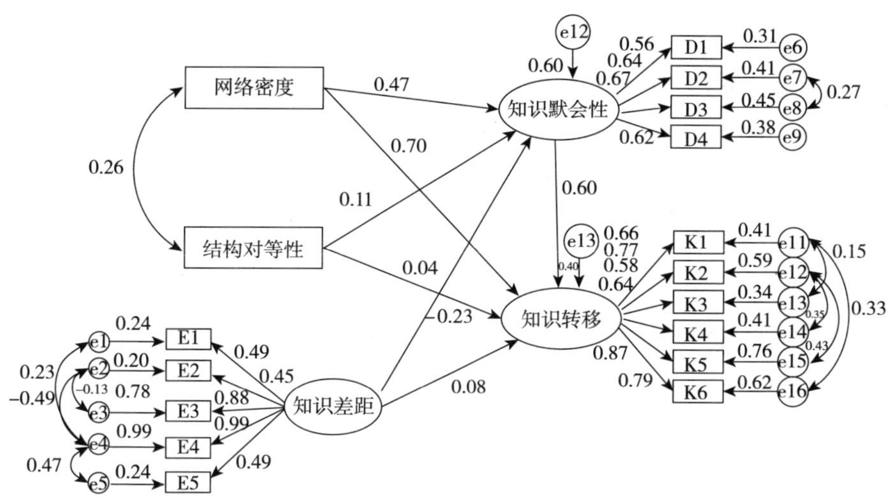

图 7-5　知识默会性在集群知识网络对集群企业知识转移影响的中介作用验证模型

7.2.4　吸收能力在集群知识网络与知识转移间的中介作用

前文在第 4 章假设"集群企业的吸收能力在知识网络的密度与知识转移之间存在中介作用"，假设"集群企业的吸收能力在结构对等性与知识转移之间存在中介作用"，假设"集群企业的吸收能力在知识差距与知识转移之间存在中介作用"。

对大样本调查获得的数据，运用 Amos 17.0 软件进行分析。在初始模型 M_1 的各项拟合指标中，$\chi^2/df > 2$，$P < 0.05$，说明初始模型 M_1 与样本数据存在明显差异。RMSEA > 0.05，说明初始模型 M_1 需要进行修正。

表 7-11　吸收能力在集群知识网络对集群企业知识转移影响的中介作用的拟合度检验

	χ^2/df	P	GFI	AGFI	NFI	CFI	RMSEA
M_1	2.194	0.000	0.868	0.825	0.859	0.917	0.081
M_2	1.594	0.068	0.910	0.903	0.903	0.961	0.057

参考 Amos 17.0 软件输出结果中的修改建议，修正模型 M_2 在观察变量 E2 与 E3、E2 与 E4、E4 与 E5、K1 与 K3、K2 与 K4、K2 与 K5、K1 与 K6 之间建立误差关联。在修正后的模型 M_2 中，各项拟合指标得到了较为明显的

改善。其中，$\chi^2/df=1.594$，小于 5；P=0.0068，大于 0.05。GFI 值为 0.910，大于 0.90 的可接受值。RMSEA=0.057，小于 0.1；AGFI=0.903，说明修正模型 M_2 的绝对适配良好。NFI=0.903，CFI=0.961，大于 0.90 的接受值，说明修正模型 M_2 的增值适配良好（初始模型 M_1 和修正模型 M_2 的各项拟合指标如表 7-11 所示）。

综合以上各个指标的分析，本书接受修正模型 M_2 作为吸收能力在集群知识网络对集群企业知识转移影响的中介作用的结构方程模型。修正模型 M_2 的最优拟合解如图 7-6 所示。

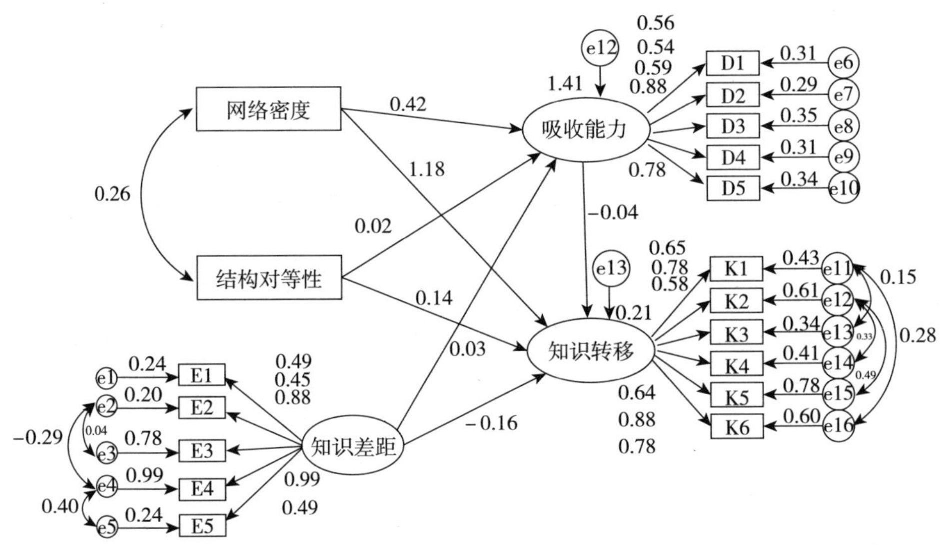

图 7-6　吸收能力在集群知识网络对集群企业知识转移影响的中介作用验证模型

从图 7-6 可知：“网络密度”与中介变量“吸收能力”在 $P<0.001$ 水平下显著，“结构对等性”与中介变量“吸收能力”在 $P<0.1$ 水平下显著，“知识差距”与中介变量“吸收能力”在 $P<0.05$ 水平下显著。中介变量“吸收能力”与“知识转移”在 $P<0.05$ 水平下显著。在加入中介变量“吸收能力”后，“网络密度”与“知识转移”的显著性降低，“结构对等性”与“知识转移”的显著性降低，“知识差距”与“知识转移”的显著性降低。由此，我们可以得到以下假设检验结果：吸收能力在网络密度与知识转移间存在部分中介作用，吸收能力在结构对等性与知识转移间存在部分中介作用，吸收能力在知

识差距与知识转移间存在部分中介作用。

7.2.5　集群知识网络的关系治理在集群知识网络与知识转移间的调节作用

在第 4 章的假设模型中，本书提出了“集群知识网络的关系治理在网络密度与知识转移之间存在正向调节作用”，提出了“集群知识网络的关系治理在结构对等性与知识转移之间存在正向调节作用”，以及“集群知识网络的关系治理在知识差距与知识转移之间存在正向调节作用”。下面我们运用层次回归分析方法来检验调节作用是否存在。

运用 SPSS 15.0 统计软件进行层次回归分析。第一步，使三个自变量——网络密度、结构对等性、知识差距以及调节变量“集群知识网络的关系治理”进入回归方程，对其与知识转移进行回归。第二步，为了检验调节效应，使变量“网络密度 * 关系治理”“结构对等性 * 关系治理”“知识差距 * 关系治理”进入回归方程。统计结果如表 7-12 所示。

表 7-12　集群知识网络的关系治理对集群知识网络与知识转移的调节作用

	知识转移			
	模型 I		模型 II	
	B	T	B	T
控制变量				
行业	控制		控制	
主效应				
网络密度	0.032	0.369	0.034	1.027
结构对等性	0.219***	2.744	–0.254	–1.141
知识差距	–0.150**	–2.133	0.065	0.575
集群知识网络的关系治理	0.574***	6.798	0.560*	1.664
交互效应				
网络密度 * 关系治理			–0.062	–1.047
结构对等性 * 关系治理			0.091**	2.114
知识差距 * 关系治理			–0.038**	–2.025
R^2	0.338		0.379	
Adj R^2	0.323		0.354	
F	22.474		15.098	

注：*** 代表 P ＜ 0.01，** 代表 P ＜ 0.05，* 代表 P ＜ 0.1。

对集群知识网络的关系治理与网络密度、结构对等性和知识差距交互作用的回归分析发现：集群知识网络的关系治理没有调节网络密度与知识转移间的关系，集群知识网络的关系治理正向调节了结构对等性与知识转移间的关系，集群知识网络的关系治理负向调节了知识差距与知识转移间的关系。

7.3 集群知识网络、知识利用与集群企业成长的关系检验

7.3.1 集群企业的知识利用对集群企业成长的直接作用

本书在第 4 章提出了假设，“集群知识网络的知识利用效果越好，集群企业的成长性越好”。将大样本调查的数据输入 SPSS 15.0 进行回归分析，回归模型的拟合情况如表 7-13 所示。可以看出模型是显著的，显著性水平为 0.001，同时调整后的 R^2 达到 0.717。

表 7-13　知识利用对集群企业成长的影响模型的拟合情况

N	R^2	Adj R^2	F	Sig.
181	0.719	0.717	457.794	0.000

表 7-14　知识利用对集群企业成长影响的回归分析结果

Variable	B	Std. Error	t	Sig.
截距	0.604	0.200	3.019	0.003
知识转移	0.850	0.040	21.396	0.000

回归分析的结果见表 7-14。从表 7-14 可以看出，集群知识网络的知识利用与集群企业成长存在显著的正相关关系，回归系数为 0.850（$P < 0.001$）。

7.3.2 集群知识网络对集群企业知识利用的直接作用

前文在第 4 章提出了假设：“集群知识网络的密度越大，知识利用效果越好”，假设“集群知识网络的结构对等性越强，知识利用效果越好或集群知识网络的结构对等性越低，知识利用效果越好”，假设“集群知识网络成员间的

知识差距越大，知识利用效果越差”。

对大样本调查获得的数据，运用 Amos17.0 软件进行分析。在初始模型 M_1 的各项拟合指标中，$\chi^2/df > 2$，$P < 0.05$，说明初始模型 M_1 与样本数据存在明显差异。RMSEA > 0.05，说明初始模型 M_1 需要进行修正。

表 7-15　集群知识网络对集群企业知识利用直接作用的拟合度检验

	χ^2/df	P	GFI	AGFI	NFI	CFI	RMSEA
M_1	2.989	0.043	0.872	0.814	0.799	0.854	0.105
M_2	2.213	0.061	0.916	0.903	0.918	0.918	0.082

参考 Amos 17.0 软件输出结果中的修改建议，修正模型 M_2 在观察变量 E2 与 E3、E2 与 E4、E4 与 E5、L2 与 L5、L3 与 L4 之间建立误差关联。在修正后的模型 M_2 中，各项拟合指标得到了较为明显的改善。其中，$\chi^2/df=2.213$，小于 5；P=0.061，大于 0.05。GFI 值为 0.916，大于 0.90 的可接受值。RMSEA=0.082，小于 0.1；AGFI=0.903，说明修正模型 M_2 的绝对适配良好。NFI=0.918，CFI=0.918，大于 0.90 的接受值，说明修正模型 M_2 的增值适配良好（初始模型 M_1 和修正模型 M_2 的各项拟合指标如表 7-15 所示）。

综合以上各个指标的分析，本书接受修正模型 M_2 作为集群知识网络对集群企业知识利用影响的结构方程模型。修正模型 M_2 的最优拟合解如图 7-7 所示。

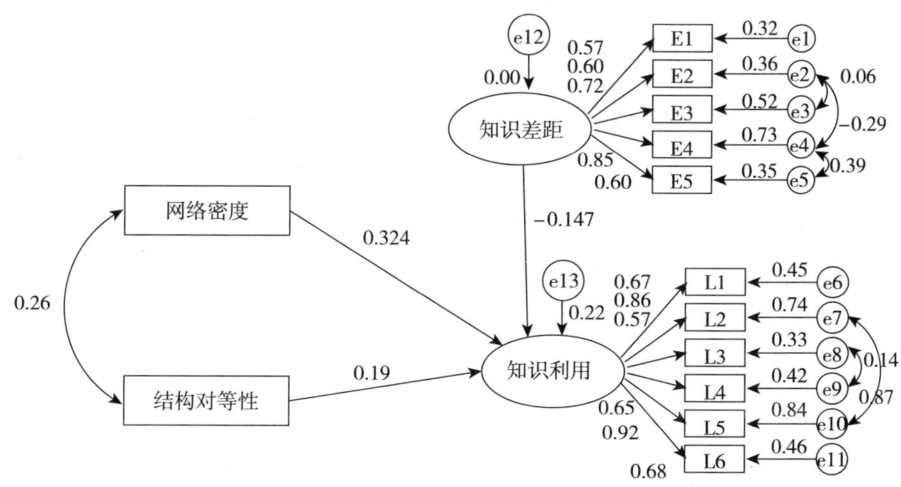

图 7-7　集群知识网络对知识利用的直接作用验证模型

从图 7-7 可以得到如下假设检验结果：集群知识网络的密度与集群企业的知识利用存在显著的正向关系，回归系数为 0.324（$P < 0.001$）；集群知识网络的结构对等性与知识利用存在显著的正向关系，回归系数为 0.19（$P < 0.05$）；集群知识网络成员间的知识差距与知识利用存在显著的负向关系，回归系数为 –0.147（$P < 0.1$）。

7.3.3 认知冲突在集群知识网络与知识利用间的中介作用

前文在第 4 章假设“集群知识网络成员间的认知冲突在知识网络的密度与知识利用之间存在中介作用”，假设“集群知识网络成员间的认知冲突在结构对等性与知识利用之间存在中介作用”，假设“集群知识网络成员间的认知冲突在知识差距与知识利用之间存在中介作用”。

对大样本调查获得的数据，运用 Amos 17.0 软件进行分析。在初始模型 M_1 的各项拟合指标中，$\chi^2/df > 2$，$P < 0.05$，说明初始模型 M_1 与样本数据存在明显差异。RMSEA > 0.05，说明初始模型 M_1 需要进行修正。

表 7-16 认知冲突在集群知识网络对集群企业知识利用影响的中介作用的拟合度检验

	χ^2/df	P	GFI	AGFI	NFI	CFI	RMSEA
M_1	2.158	0.000	0.868	0.821	0.802	0.881	0.080
M_2	1.579	0.052	0.914	0.905	0.902	0.946	0.057

参考 Amos 17.0 软件输出结果中的修改建议，修正模型 M_2 在观察变量 E1 与 E4、E2 与 E3、E2 与 E4、E4 与 E5、H2 与 H3、L1 与 L3、L2 与 L4、L2 与 L5、L3 与 L4、L1 与 L6 之间建立误差关联。在修正后的模型 M_2 中，各项拟合指标得到了较为明显的改善。其中，$\chi^2/df=1.579$，小于 5；P=0.052 大于 0.05。GFI 值为 0.914，大于 0.90 的可接受值。RMSEA=0.057，小于 0.1，AGFI=0.905，说明修正模型 M_2 的绝对适配良好。在各项增值适配测量指标中，NFI=0.902，CFI=0.946，大于 0.90 的接受值，说明修正模型 M_2 的增值适配良好（初始模型 M_1 和修正模型 M_2 的各项拟合指标如表 7-16 所示）。

综合以上各个指标的分析，本书接受修正模型 M_2 作为认知冲突在集群知识网络对集群企业知识利用影响的中介作用的结构方程模型。修正模型 M_2 的最优拟合解如图 7-8 所示。

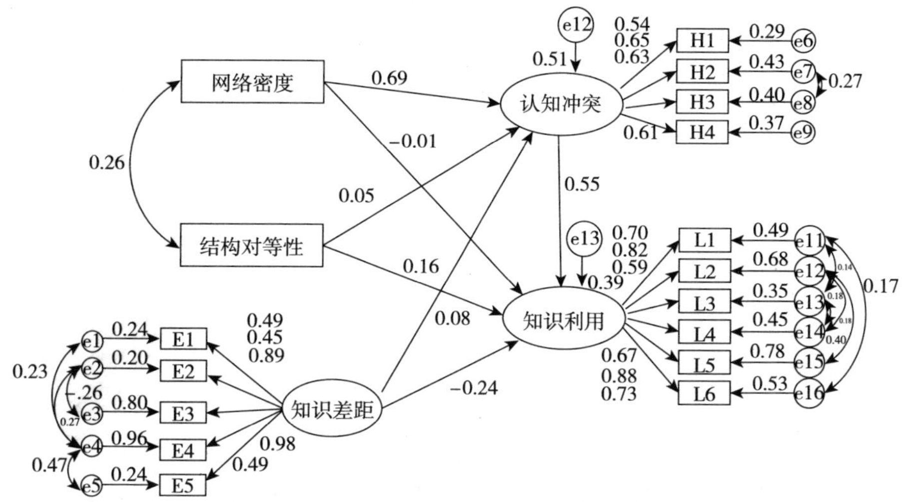

图 7-8　认知冲突在集群知识网络对集群企业知识利用影响的中介作用验证模型

从图 7-8 可知："网络密度"与中介变量"认知冲突"在 $P < 0.001$ 水平下显著，"结构对等性"与中介变量"认知冲突"在 $P < 0.05$ 水平下显著，"知识差距"与中介变量"认知冲突"不显著。中介变量"认知冲突"与"知识利用"在 $P < 0.05$ 水平下显著。在加入中介变量"认知冲突"后，"网络密度"与"知识利用"的显著性降低，"结构对等性"与"知识利用"的显著性降低。由此，我们可以得到以下假设检验结果：认知冲突在网络密度与知识利用间存在部分中介作用，认知冲突在结构对等性与知识利用间存在部分中介作用。

7.3.4　合作善意在集群知识网络与知识利用间的中介作用

前文在第 4 章假设"集群知识网络成员间的合作善意在知识网络的密度与知识利用之间存在中介作用"，假设"集群知识网络成员间的合作善意在结构对等性与知识利用之间存在中介作用"，假设"集群知识网络成员间的合作善意在知识差距与知识利用之间存在中介作用"。

对大样本调查获得的数据，运用 Amos 17.0 软件进行分析。在初始模型 M_1 的各项拟合指标中，$\chi^2/df > 2$，$P < 0.05$，说明初始模型 M_1 与样本数据

存在明显差异。RMSEA > 0.05，说明初始模型 M_1 需要进行修正。

表 7-17　合作善意在集群知识网络对集群企业知识利用影响的中介作用的拟合度检验

	χ^2/df	P	GFI	AGFI	NFI	CFI	RMSEA
M_1	2.164	0.000	0.867	0.820	0.800	0.879	0.080
M_2	1.571	0.058	0.915	0.906	0.902	0.946	0.056

参考 Amos 17.0 软件输出结果中的修改建议，模型 M_2 在观察变量 E1 与 E4、E2 与 E3、E2 与 E4、E4 与 E5、H2 与 H3、L1 与 L3、L2 与 L4、L2 与 L5、L3 与 L4、L1 与 L6 之间建立误差关联。在修正后的模型 M_2 中，各项拟合指标得到了较为明显的改善。其中，χ^2/df=1.571，小于 5；P=0.058，大于 0.05。GFI 值为 0.915，大于 0.90 的可接受值。RMSEA=0.056，小于 0.1；AGFI=0.906，说明修正模型 M_2 的绝对适配良好。在各项增值适配测量指标中，NFI=0.902，CFI=0.946，大于 0.90 的接受值，说明修正模型 M_2 的增值适配良好（初始模型 M_1 和修正模型 M_2 的各项拟合指标如表 7-3 所示）。

综合以上各个指标的分析，本书接受修正模型 M_2 作为合作善意在集群知识网络对集群企业知识利用影响的中介作用的结构方程模型。修正模型 M_2 的最优拟合解如图 7-9 所示。

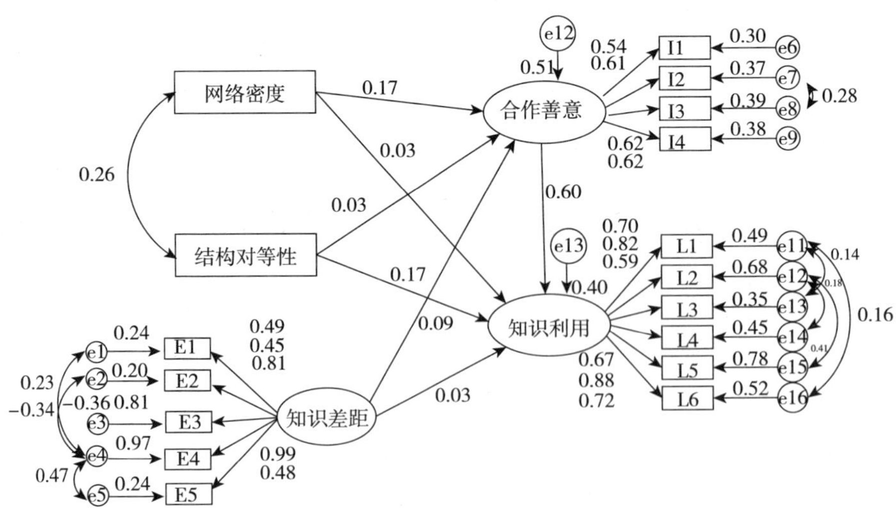

图 7-9　合作善意在集群知识网络对集群企业知识利用影响的中介作用验证模型

从图 7-9 可知，“网络密度”与中介变量“合作善意”在 $P < 0.001$ 水平下显著，“结构对等性”与中介变量“合作善意”在 $P < 0.1$ 水平下显著。“知识差距”与中介变量“合作善意”不显著。中介变量“合作善意”与“知识利用”在 $P < 0.05$ 水平下显著。在加入中介变量“合作善意”后，“网络密度”与“知识利用”的显著性降低，“结构对等性”与“知识利用”的显著性降低。由此，我们可以得到以下假设检验结果：合作善意在网络密度与知识利用间存在部分中介作用，合作善意在结构对等性与知识利用间存在部分中介作用。

7.3.5　集群知识网络的关系治理在集群知识网络与知识利用间的调节作用

在第 4 章的假设模型中，本书提出了“集群知识网络的关系治理在网络密度与知识利用之间存在正向调节作用”，提出了“集群知识网络的关系治理在结构对等性与知识利用之间存在正向调节作用”，以及“集群知识网络的关系治理在知识差距与知识利用之间存在负向调节作用”。下面我们运用层次回归分析方法来检验调节作用是否存在。

运用 SPSS 15.0 统计软件进行层次回归分析。第一步，使三个自变量——网络密度、结构对等性、知识差距以及调节变量“集群知识网络的关系治理”进入回归方程，对其与知识利用进行回归。第二步，为了检验调节效应，使变量“网络密度 * 关系治理”“结构对等性 * 关系治理”“知识差距 * 关系治理”进入回归方程。统计结果如表 7-18 所示。

表 7-18　集群知识网络的关系治理对集群知识网络与知识利用的调节作用

	知识利用			
	模型 I		模型 II	
	B	T	B	T
控制变量				
行业	控制		控制	
主效应				
网络密度	0.036	0.414	0.365	1.084
结构对等性	0.285***	3.575	–0.107	–0.472
知识差距	–0.188**	–2.678	–0.132	–1.152

续表

	知识利用			
	模型Ⅰ		模型Ⅱ	
	B	T	B	T
集群知识网络的关系治理	0.515***	6.096	0.448	1.310
交互效应				
网络密度 * 关系治理			-0.560	-1.088
结构对等性 * 关系治理			0.516*	1.788
知识差距 * 关系治理			-0.106*	-1.305
R^2	0.316		0.334	
Adj R^2	0.301		0.308	
F	20.335		12.420	

注：*** 代表 $P < 0.01$，** 代表 $P < 0.05$，* 代表 $P < 0.1$。

对集群知识网络的关系治理与网络密度、结构对等性和知识差距交互作用的回归分析发现：集群知识网络的关系治理没有调节了网络密度与知识利用间的关系，关系治理正向调节了结构对等性与知识利用间的关系，关系治理负向调节了知识差距与知识利用间的关系。

7.4 实证结果汇总

本章在数据分析的基础上，对集群知识网络、集群学习和集群企业成长关系模型关系模型中提出的假设进行了实证检验。所有假设及其验证的结果如表 7-19 所示。下一章将对这些分析结果进行具体讨论。

表 7-19 实证结果汇总

序号	假设	验证结果
H1	集群企业获得的新知识越多，集群企业的成长性越好	支持
H2	集群知识网络的开放性越大，集群企业获得的新知识越多	支持
H3	集群企业在全球产业网络中的中心性越高，获取的新知识越多	支持
H4	集群企业的吸收能力在知识网络的开放性与知识获取之间存在中介作用	支持
H5	集群企业的吸收能力在其所处的全球产业网络位置与知识获取之间存在中介作用	支持

续表

序号	假设	验证结果
H6	集群企业的产业远景能力在知识网络的开放性与知识获取之间存在中介作用	支持
H7	集群企业的产业远景能力在其所处的全球产业网络位置与知识获取之间存在中介作用	不支持
H8	集群知识网络的关系治理负向调节了知识网络的开放性与知识获取之间的关系	不支持
H9	集群知识网络的关系治理负向调节了集群企业在全球产业网络位置与知识获取之间的关系	支持
H10	集群知识网络的知识转移效果越好，集群企业的成长性越好	支持
H11	集群知识网络的密度越大，知识转移效果越好	支持
H12	集群知识网络的结构对等性越强，知识转移效果越好	支持
H13	集群知识网络成员间的知识差距越大，知识转移效果越差	支持
H14	知识默会性在集群知识网络的密度与成功的知识转移之间存在中介作用	支持
H15	知识默会性在集群知识网络的结构对等性与成功的知识转移之间存在中介作用	不支持
H16	知识默会性在集群知识网络成员间的知识差距与成功的知识转移之间存在中介作用	不支持
H17	集群企业的吸收能力在知识网络的密度与知识转移之间存在中介作用	支持
H18	集群企业的吸收能力在知识网络的结构对等性与知识转移之间存在中介作用	支持
H19	集群企业的吸收能力在知识网络成员的知识差距与知识转移之间存在中介作用	支持
H20	集群知识网络的关系治理正向调节了知识网络的密度与知识转移之间的关系	不支持
H21	集群知识网络的关系治理正向调节了知识网络的结构对等性与知识转移之间的关系	支持
H22	集群知识网络的关系治理负向调节了知识网络成员的知识差距与知识转移之间的关系	支持
H23	集群知识网络的知识利用效果越好，集群企业的成长性越好	支持
H24	集群知识网络的密度越大，知识利用效果越好	支持
H25a	集群知识网络的结构对等性越高，知识利用效果越好	支持
H25b	集群知识网络的结构对等性越低，知识利用效果越差	不支持
H26	集群知识网络成员间的知识差距越大，知识利用效果越差	支持
H27	集群知识网络成员的认知冲突在知识网络的密度与知识利用之间存在中介作用	支持
H28	集群知识网络成员的认知冲突在知识网络的结构对等性与知识利用之间存在中介作用	支持

续表

序号	假设	验证结果
H29	集群知识网络成员的认知冲突在知识网络成员的知识差距与知识利用之间存在中介作用	不支持
H30	集群知识网络成员的合作善意在知识网络的密度与知识利用之间存在中介作用	支持
H31	集群知识网络成员的合作善意在知识网络的结构对等性与知识利用之间存在中介作用	支持
H32	集群知识网络成员的合作善意在知识网络成员间的知识差距与知识利用之间存在中介作用	不支持
H33	集群知识网络的关系治理正向调节了知识网络的密度与知识利用之间的关系	不支持
H34	集群知识网络的关系治理正向调节了知识网络的结构对等性与知识利用之间的关系	支持
H35	集群知识网络的关系治理负向调节了知识网络成员的知识差距与知识利用之间的关系	支持

第 8 章 研究总结与启示

在前文理论分析和实证研究的基础上，本章的主要任务是讨论实证研究结果和梳理总结主要研究结论，尝试从理论上来解释各变量间存在的关系，给出未经证实的假设可能的原因。此外，根据研究结论的实践启示，对中国集群的知识网络培育以及集群企业的成长提出建议。

8.1 研究结果讨论

在理论研究分析的基础上，本书建构了集群知识网络、集群学习与集群企业成长的关系模型，经过实证检验，本研究得出了以下主要结论：①集群企业从集群外获取知识，并在集群内进行知识转移和知识利用能显著地推动集群企业的成长；②集群知识网络的开放性越大，集群企业在全球产业网络中的中心性越高，集群企业越容易获得更多的新知识；③集群企业的吸收能力和产业远景能力是影响集群企业在集群知识网络中获得新知识的重要中介变量；④集群知识网络的密度越大、结构对等性越强，知识转移和知识利用的效果越好；但是，集群知识网络成员的知识差距越大，知识转移和知识利用的效果就越差；⑤知识默会性、集群企业的吸收能力是影响集群知识网络成员间转移知识的重要中介变量；⑥认知冲突、合作善意是影响集群知识网络成员利用知识的重要中介变量；⑦集群知识网络的关系治理是影响集群知识网络成员间进行集群学习的重要调节变量。具体实证结果依据总结如下：

8.1.1 集群知识网络、知识获取与集群企业成长的关系

本研究构建关系模型，从集群知识网络的开放性，集群企业在全球产业网络中的中心性两个方面，实证研究了集群知识网络对知识获取的影响。

本研究假设：①集群知识网络的开放性越大，集群企业获得的新知识越多；②集群企业在全球产业网络中的中心性越高，获取的新知识越多。实证结果验证了研究假设：①集群知识网络的开放性与集群企业获得的新知识存在显著的正向关系，回归系数为 0.390（$P < 0.001$）；②集群企业在全球产业网络中的中心性与获取的新知识存在显著的正向关系，回归系数为 0.127（$P < 0.1$）。

本研究经过理论推理提出，集群企业的吸收能力和产业远景能力是集群知识网络影响集群企业获取知识的两个重要中介变量，并提出了如下假设：①集群企业的吸收能力在知识网络的开放性与知识获取之间存在中介作用；②集群企业的吸收能力在其所处的全球产业网络位置与知识获取之间存在中介作用；③集群企业的产业远景能力在知识网络的开放性与知识获取之间存在中介作用；④集群企业的产业远景能力在其所处的全球产业网络位置与知识获取之间存在中介作用。实证结果验证了研究假设：①集群企业的吸收能力在知识网络的开放性与知识获取间存在部分中介作用；②集群企业的吸收能力在其所处的全球产业网络位置与知识获取间存在部分中介作用；③集群企业的产业远景能力在知识网络开放性与知识获取间存在部分中介作用。

本研究经过理论推理提出，集群知识网络的关系治理情况将在很大程度上调节集群知识网络与集群企业获取新知识之间的关系，因此，提出如下假设：①集群知识网络的关系治理负向调节了知识网络的开放性与知识获取之间的关系；②集群知识网络的关系治理负向调节了集群企业在全球产业网络位置与知识获取之间的关系。实证结果验证了研究假设：集群知识网络的关系治理负向调节了网络中心度与知识获取间的关系。

本研究认为，集群企业获得的新知识越多，集群企业的成长性越好。实证结果发现，集群企业的知识获取与集群企业成长存在显著的正相关关系，回归系数为 0.947（$P < 0.001$）。

此外，本研究提出的如下两个假设没有得到验证：①集群企业的产业远景能力在其所处的全球产业网络位置与知识获取之间不存在中介作用；②集群知识网络的关系治理没有调节知识网络的开放性与知识获取间的关系。

前一个假设没有得到证实的原因可能在于：由于当前我国部分集群企业仍然将模仿、价格竞争作为主要的竞争战略，没有积极融入全球产业的知识网络，对全球产业网络缺乏充分认知，导致其所理解的集群知识网络仅仅是一个低层次的知识网络。在这种情况下，一些集群企业认为其在全球产业网络中的中心度较高，但实际上并非如此，从而使其产业远景能力并不强，导致了产业远景能力在网络中心度与知识获取间不存在中介作用。

后一个假设没有得到证实的原因可能在于：集群知识网络仍然是一个以竞争为主导的网络，在这样的网络中，缺乏对集群企业获取创新性知识的鼓励以及对知识产权的尊重，从而导致了集群知识网络的关系治理没有调节网络开放性与知识获取间的关系。

8.1.2　集群知识网络、知识转移与集群企业成长的关系

本研究构建关系模型，提出集群知识网络的密度、集群知识网络的结构对等性、集群企业间的知识差距三个方面对知识转移的影响的假设并进行了实证研究。

本研究假设：①集群知识网络的密度越大，知识转移效果越好；②集群知识网络的结构对等性越强，知识转移效果越好；③集群知识网络成员间的知识差距越大，知识转移效果越差。实证结果验证了研究假设：①集群知识网络的密度与集群企业的知识转移存在显著的正向关系，回归系数为 0.372（$P < 0.001$）；②集群知识网络的结构对等性与知识转移存在显著的正向关系，回归系数为 0.154（$P < 0.1$）；③集群知识网络成员间的知识差距与知识转移存在显著的负向关系，回归系数为 –0.185（$P < 0.1$）。

本研究经过理论推理提出，知识默会性和吸收能力这两个变量将在很大程度上影响集群知识网络与集群企业知识转移的关系，并提出了如下假设：①知识默会性在集群知识网络的密度与成功的知识转移之间存在中介作用；②知识默会性在集群知识网络的结构对等性与成功的知识转移之间存在中介

作用；③知识默会性在集群知识网络成员间的知识差距与成功的知识转移之间存在中介作用；④集群企业的吸收能力在知识网络的密度与知识转移之间存在中介作用；⑤集群企业的吸收能力在知识网络的结构对等性与知识转移之间存在中介作用；⑥集群企业的吸收能力在知识网络成员的知识差距与知识转移之间存在中介作用。实证结果验证了研究假设：①知识默会性在网络密度与知识转移间存在部分中介作用；②吸收能力在网络密度与知识转移间存在部分中介作用；③吸收能力在结构对等性与知识转移间存在部分中介作用；④吸收能力在知识差距与知识转移间存在部分中介作用。

本研究经过理论推理提出，集群知识网络的关系治理情况将在很大程度上调节集群知识网络与集群企业转移知识之间的关系，因此，提出如下假设：①集群知识网络的关系治理正向调节了知识网络的密度与知识转移之间的关系；②集群知识网络的关系治理正向调节了知识网络的结构对等性与知识转移之间的关系；③集群知识网络的关系治理负向调节了知识网络成员的知识差距与知识转移之间的关系。实证结果验证了研究假设：①集群知识网络的关系治理正向调节了结构对等性与知识转移间的关系；②集群知识网络的关系治理负向调节了知识差距与知识转移间的关系。

本研究认为，集群知识网络的知识转移效果越好，集群企业的成长性越好。实证研究发现，知识转移与集群企业成长存在显著的正相关关系，回归系数为 0.874（$P < 0.001$）。

此外，本研究提出的如下三个假设没有得到验证：①知识默会性在结构对等性与知识转移间不存在中介作用；②知识默会性在知识差距与知识转移间不存在中介作用；③集群知识网络的关系治理没有调节网络密度与知识转移间的关系。

第一个假设没有得到证实的原因可能在于：在集群升级阶段，结构对等性较高的企业之间在市场开发与利用中存在激烈的竞争。因此，彼此都很防范知识的无意溢出以及对方的知识模仿与获取，增加了默会知识的难以编码性、不可传授性。加之，我国集群企业的吸收能力较弱，从而使知识默会性在结构对等性与知识转移间不存在中介作用。

第二个假设没有得到证实的原因可能在于：知识差距越大，集群企业之间沟通的障碍就越大，知识存量小的企业难以理解知识存量大的企业的新技术、新工艺，使集群默会知识在集群内部转移时，默会知识的不易表达性难以有效地克服，知识默会性没有得到有效的降低。因此，知识默会性没有在知识差距与知识转移间起到中介作用。

第三个假设没有得到证实可以这样解释：我们对样本数据的分析发现，样本企业所处集群的网络密度普遍较大。我们分析其中的原因在于，在集群升级阶段，集群企业之间经过充分的竞争，人员在集群内的流动频率较高。加之我国很多地方产业集群中的企业之间都有紧密的私人关系，使集群网络的密度较大。另外，在激烈的竞争中，浓郁的地方信任文化丧失，但地方政府没有积极地去建立信任文化，导致了集群企业缺乏对其他企业或组织转移创新性知识的激励以及对知识产权的尊重。这两种情况导致了集群知识网络的关系治理没有调节网络密度与知识转移间的关系。

8.1.3　集群知识网络、知识利用与集群企业成长的关系

本研究从集群知识网络的密度、集群知识网络的结构对等性、集群企业间的知识差距三个方面，实证研究了集群知识网络对知识利用的影响。

本研究假设：①集群知识网络的密度越大，知识利用效果越好；②集群知识网络的结构对等性越高（或越低），知识利用效果越好；③集群知识网络成员间的知识差距越大，知识利用效果越差。实证结果验证了研究假设：①集群知识网络的密度与集群企业的知识利用存在显著的正向关系，回归系数为 0.326（$P < 0.001$）；②集群知识网络的结构对等性与知识利用存在显著的正向关系，回归系数为 0.211（$P < 0.05$）；③集群知识网络成员间的知识差距与知识利用存在显著的负向关系，回归系数为 -0.165（$P < 0.1$）。

本研究经过理论推理提出，认知冲突和合作善意这两个变量将在很大程度上影响集群知识网络与集群企业知识转移的关系，并提出了如下假设：①认知冲突在集群知识网络的密度与知识利用之间存在中介作用；②认知冲突在集群知识网络的结构对等性与知识利用之间存在中介作用；③认知冲突在集群知识网络成员间的知识差距与知识利用之间存在中介作用；④合作善意在知识网络的密度与知识利用之间存在中介作用；⑤合作善意在知识网络的结

构对等性与知识利用之间存在中介作用；⑥合作善意在知识网络成员的知识差距与知识利用之间存在中介作用。实证结果验证了研究假设：①认知冲突在网络密度与知识利用间存在部分中介作用；②认知冲突在结构对等性与知识利用间存在部分中介作用；③合作善意在网络密度与知识利用间存在部分中介作用；④合作善意在结构对等性与知识利用间存在部分中介作用。

本研究经过理论推理提出，集群知识网络的关系治理情况将在很大程度上调节集群知识网络与集群企业利用知识之间的关系，因此提出如下假设：①集群知识网络的关系治理正向调节了知识网络的密度与知识利用之间的关系；②集群知识网络的关系治理正向调节了知识网络的结构对等性与知识利用之间的关系；③集群知识网络的关系治理负向调节了知识网络成员的知识差距与知识利用之间的关系。实证结果验证了研究假设：①集群知识网络的关系治理正向调节了结构对等性与知识转移间的关系；②集群知识网络的关系治理负向调节了知识差距与知识转移间的关系。

本研究认为，集群知识网络的知识转移效果越好，集群企业的成长性越好。实证研究发现，知识转移与集群企业成长存在显著的正相关关系，回归系数为 0.850（$P < 0.001$）。

此外，本研究提出的如下三个假设没有得到验证：①认知冲突在知识差距与知识利用间不存在中介作用；②合作善意在知识差距与知识利用间不存在中介作用；③集群知识网络的关系治理没有调节了网络密度与知识利用间的关系。

第一个假设没有得到证实的原因可能在于：在集群升级阶段，集群企业之间已经经过较长期的模仿与反模仿博弈，核心企业与配套企业之间也经过了较长时间的合作，知识溢出效应得到了充分的发挥，集群企业之间对集群主导技术的利用至少达成了基本的共识。因此，认知上的冲突不会太大，从而使认知冲突没有在知识差距与知识利用间产生中介作用。

第二个假设没有得到证实的原因可能在于：集群企业之间的知识差距越大，越不利于集群企业之间的沟通，妨碍了集群企业在知识利用时的合作善意形成，使合作善意没有在知识差距与知识利用间产生中介作用。

第三个假设没有得到证实的原因可归结为：我国当前的多数集群知识

网络仍然是一个以竞争为主导的网络，地方政府在集群治理中没有发挥好监督、引导作用。①由于我国知识产权保护的法律法规不健全等因素，集群中缺乏明确的制度或文化，使集群企业在获取创新性知识方面缺乏动力。②集群企业在知识利用的过程中，对其他企业的知识产权、专利等资产缺乏必要的尊重，导致了集群知识网络的关系治理没有调节网络密度与知识利用间的关系。

8.2　研究启示与对策建议

本研究的理论和实证研究发现，集群企业从集群外知识网络获取知识，并在集群内进行知识转移和知识利用能显著地推动集群企业的成长。因此，地方政府、集群企业和中介机构都应积极参与知识网络的构建和集群学习的过程，更好地推动我国产业集群的升级。

8.2.1　集群企业积极主导集群升级，把握集群升级方向

在集群升级中，我国集群企业首先需要进行跨网络学习，从集群外获得创新性知识，然后在集群内进行集体学习实现创新性知识的转移和利用，推动我国传统集群升级为创新集群。在集群知识网络成员中，集群企业是集群升级的最大受益者，是开展集群学习的行为主体，也理应是把握集群升级方向、主导集群升级策略的关键成员。

8.2.1.1　摒弃“零和博弈”思维，形成集群学习中的蓝海

当前，在我国集群中不少企业没有充分认识到共同开展集群学习的必要性以及自己在集群升级中的作用。本书的实证研究发现，知识的成功转移和有效利用需要集群知识网络成员之间缩小知识差距，提高吸收能力，并对知识的利用方向达成共识。集群知识网络成员间的认知冲突会影响组织间的沟通顺畅，不利于双方及时了解对方的关切与变化，使双方容易产生误判进而影响到知识利用。

因此，在集群升级中，包括集群核心企业在内的所有集群知识网络成员应认识到集群知识网络成员之间是一个利益共同体，只有集群知识网络成员整体地

成长才能实现自己的持续成长。为此，在集群的知识转移和利用中，集群知识网络成员应摒弃“零和博弈”的思想，依托集群核心企业、行业协会或地方政府，集群知识网络成员间进行比较明确的分工协作，形成完善的产业链。在此基础上，集群知识网络成员进行集群学习，通过合作培养人才、合作研发等方式缩小成员间的知识差距，帮助和提升产业链中薄弱环节的知识基础，提高其吸收能力。

8.2.1.2　积极开展跨网络学习，把握集群升级的方向

本书实证研究结果表明，网络的开放性对集群企业成长有重要的影响，集群企业应该建立开放性的知识网络并从中获取企业成长的创新性知识源。

集群企业应根据自身战略导向有选择性地构建开放性的知识网络。集群核心企业主动开展跨网络学习，提高自身的研发能力，把握集群升级的方向。为此，集群核心企业与行业领先的企业或集群建立密切的合作关系，包括在当地设立研发中心、与行业领先企业建立战略联盟、进行联合研发等方式获得先进的创新知识源，并将其扩散至集群内；集群的小型企业缺乏开拓外部网络的能力，可以有选择地和集群外部知识型服务机构进行合作创新以获得企业成长的知识。除构建外部跨网络知识联结提升其创新能力外，还必须进一步发挥本地知识网络的优势。因为假如知识本地化水平太低，即使集群企业能从外部知识网络中及时捕捉到产业最新的技术信息和新知识，这些新知识在集群企业之间也不能得到很好的流动和共享，集群企业还是会成为“知识孤岛”，从而失去集群知识溢出的优势，最终将影响企业的成长。此外，与市场的密切互动与学习也是必不可少的一环，消费者的需求是产业技术发展的最终指引，如果集群核心企业能把握消费者的潜在需求，并在产品设计、功能定位、生产工艺等方面先知先觉地进行创新，将改变产业发展轨迹，甚至开创新的细分市场，给整个集群带来新的发展空间。

8.2.1.3　加强企业的集体学习和沟通能力，培养合作善意，减少冲突

集体学习能力包括集群企业自身的学习能力和集群企业之间的互动学习能力。提高集群的集体学习能力，一方面，集群成员应加强自身有关知识的学习和积累以提高知识基础，建立学习型组织，鼓励员工创新和不断实践。另一方面，还要提高集群企业的合作学习与竞争能力。加强集群企业与其他企业联系

和交流，加强与对方的合作善意，减少认知冲突。通过良好的沟通，使信息的交流更加正确和顺畅，不仅有助于减少信息搜集成本，而且可以增加集群知识网络的相互了解，减少行为的不确定性，同时增加双方间的信任，为集群学习奠定良好的基础。集群企业之间合作竞争能力是构建良性集体学习机制的关键。

8.2.2 地方政府积极引导集群升级，消除市场行为的盲目性

在集群升级的过程中，地方政府应起到关键作用。国际经验表明，产业集群大多是市场自发行为的产物。然而，市场自发行为的盲目性也给产业集群带来了过度竞争、低水平竞争等负面影响，一些国家和地区的产业集群甚至因此走向衰败。因此，在中国集群的升级发展中，地方政府需要发挥好组织引导作用。

8.2.2.1 完善知识获取机制，丰富创新性知识的来源

创新性知识的获取是集群升级的知识源头。在创新性知识的获取中，应推动广大的集群企业（尤其是集群核心企业）与全球产业网络建立密切的联系，增强集群知识网络的开放性。

集群核心企业在从集群外部引入技术与知识到集群内部过程中扮演技术“守门人”的角色，其作用较其他非核心企业更为重要。因此，地方政府应该首先筛选一批有发展潜力的企业，依据当地集群的发展规律，从资金、财税、科技发展等方面进行扶持，尽快培育出一批对集群发展有关键拉动作用的龙头企业。同时，改变传统的以优惠的土地政策和加强基础设施建设等途径吸引企业集聚的做法，重视制度、投资、人才、中介等方面对集群发展的作用，积极为集群引进一些跨国企业作为群内的龙头企业，丰富集群创新性的知识来源。

为丰富创新性知识的来源，地方政府还可以发挥牵线搭桥的作用，加强集群企业与大学、科研机构的联系，并出台鼓励产学研合作创新的计划和政策，加强科研机构对集群的知识输出。此外，完善人才柔性流动政策和人才引进优惠政策，积极引进国内外人才，为高水平研发人才流动提供顺畅的通道和自由的工作环境。

8.2.2.2 建立健全集群的共性技术供给体系，搭建集群学习的技术平台

对于影响集群升级的关键共性技术，由于其在集群内具有广泛的推广价值，因而具有公共产品的属性。共性技术的公共品性质就容易产生供给不足的问题，不利于集群的技术升级。因此，地方政府应该建立健全集群的共性技术供给体系。首先，地方政府可鼓励企业通过申请国家“863”计划项目、重大专项等方式，获得国家层面的资金支持。当然，地方政府也可以根据当地产业发展战略、集群发展的需要，确定一些重点领域或关键技术、扶持一批重点技术研发项目。其次，政府可以出资引导社会资金建设集群的技术研发基地或技术合作联合体。比如，可建立各种层次的技术中心、共性技术平台、高校的产学研中心、科研基地等，将基础研究、应用研究和技术开发集成起来进行技术合作。技术研发基地或技术合作联合体是独立的法人和运行机构，由政府、企业提供资金和设备，大学或研究机构提供场地和研究人员。基地的运营和管理独立于政府、企业、高校，研究成果面向社会，运行受到政府的监督。地方政府鼓励集群知识网络的成员开展基于自身需求的技术联合研发，对于能推动集群升级的技术，地方政府给予一定的经费补偿。

8.2.2.3 优化集群知识网络，推动集群学习

（1）大力发展中介服务机构，强化集群知识网络成员间的关系。中介服务机构是集群知识网络中的重要节点，它包括科研机构、技术中介机构、金融机构等机构。它们能够给交易双方提供中介信息服务，能够降低交易成本。国际经验表明，创新集群运行较为良好的区域，其中介服务机构往往较为成熟。因此，在集群升级中，应加强中介服务机构的建设，充分发挥其服务功能，鼓励和支持将其服务延伸到集群和产业链中，提高产业集聚的层次，如在集群内建设创业服务中心、技术创新服务中心、教育培训中心等。

（2）加强知识产权保护，形成良好的集群关系治理机制。知识产权是企业创新收益的保障，科技创新只有与知识产权紧密结合，才能发挥其在推动经济发展中的作用，形成激励创新的社会环境。一是构建保护知识产权的常态化机制，营造有利于培育创新集群的法治环境，为科技创新主体营造一个

持续规范的法制环境、公平竞争的市场环境、优质高效的服务环境和稳定祥和的社会环境。同时，加强知识产权执法，对相关管理机构与人员开展知识产权培训，重点对知识产权的监督与管理人员进行定期的专业培训。二是构建高校和企业协同的创新平台和机制，完善知识产权价值评估制度和收益分配制度，以消除科技创新主体对核心技术溢出的顾虑。

（3）完善政策机制，推动知识转移和利用。地方政府应完善相关政策，进一步鼓励集群企业、大学及其他科研机构知识网络成员共同进行知识转移、创新与利用；鼓励大学和科研院所以知识产权、技术等入股高新技术企业，共同创办股份合作型科研生产联合体；鼓励产学研一体化的战略合作联盟建设，有效整合产学研力量，加快创新成果的转化应用；鼓励应用开发性研究所进驻高新技术企业，演化成企业的技术开发部门或技术开发中心。

8.2.3　中介机构积极融入集群升级，实现共同成长

集群的中介机构包括银行、高校、科研机构、行业协会等组织。这些组织参与集群学习的意愿、能力不仅在很大程度上影响集群学习的效果，决定集群升级阶段的企业成长绩效，而且影响中介机构自身的发展。因此，中介机构积极融入集群升级，将有助于实现共同成长。

8.2.3.1　高校、科研机构积极融入集群，深化产学研合作

高校、科研机构融入集群升级，不仅能把握行业技术的最新发展动态，加速科研成果的产业化步伐，而且有助于培养一批懂理论、能实践的双师型教师，是一个“双赢”之举。我们认为，高校、科研机构可通过多种方式融入集群升级活动。首先，高校、科研机构可以通过与集群企业联合建立博士后工作站、建立实验室等方式开展技术研发，也可以与集群企业建立长期的战略合作关系，通过联合研究开发、转让专利技术等来解决集群企业升级中的技术问题。其次，高校、科研机构可以建立人才柔性引进机制为集群企业提供技术支持。最后，高校、科研机构可以在集群所在地建立为集群企业提供技术培训、技术支持和市场信息的机构，如建立厂内研究所，实现高校、科研机构与集群企业的无缝对接，为集群升级提供创新性知识，并加速创新

性知识的推广应用。

8.2.3.2　金融机构进行金融创新，为集群升级提供金融支持

资金是集群升级的基础性资源之一。但是，由于集群企业在升级中面临着较大的不确定性，这使集群升级往往遭受融资难的困境。因此，金融机构一方面要引导和帮助集群企业利用现有融资方式，拓宽集群企业的融资渠道，使其获得资金支持。另一方面，有必要进行金融创新，为集群升级提供金融支持。

在利用现有融资方式方面，各金融机构要引导集群企业发行各种债券，帮助其利用信托、融资租赁、委托贷款等方式融资，拓宽融资渠道。此外，金融机构应开展金融创新，如银行可以开展产业链授信业务，围绕集群核心企业，对核心企业和其上下游企业的信贷资金供给纳入通盘考虑，实行整体授信。另外，银行可以开展无形资产抵押等业务，对专利、发明、品牌等无形资产进行评估，发放抵押贷款，支持核心企业的技术引进、研发。

8.2.3.3　行业协会加强行业自律，推动集群学习

在集群升级中，行业协会应在引导企业进行集群学习、保护企业知识产权、开展技术培训、实现行业自律等方面发挥积极作用。

首先，行业协会要加快行业信息咨询服务的建设。一方面，要及时为会员企业提供最新的行业发展情况、最先进的技术发展动态，拓宽企业的视野，让企业了解市场动态、把握技术前沿。另一方面，通过召开信息发布会、技术讲座，举办沙龙等多种方式，推动集群知识的共享与创新。其次，行业协会应组织会员企业进行共性技术的培训，培养各类人才。最后，行业协会应加强行业自治，强化对会员企业经营管理的监督治理，谴责侵犯知识产权的行为、打击仿冒、抄袭、低价竞争等不良行为。

附录 1：预测试问卷

《基于集群知识网络的集群企业成长研究》调查问卷

尊敬的女士 / 先生：

您好！

非常感谢您在百忙之中参与此次问卷调查，衷心祝愿您和您的企业，在未来的发展中取得更大的成就！

本问卷是一项纯粹的学术研究活动，旨在考查集群或园区企业、集群外的企业之间的关系特征是如何影响集群企业成长的。答案没有对错之分，请选择最接近您看法的选项即可。您的回答对我们研究的顺利开展非常重要，有可能的话，问卷最好由贵公司的中、高级管理人员填写。本问卷的内容不会涉及贵企业的商业机密，所获信息也不会用于任何商业目的，敬请放心、如实填写。

如果您在问卷填写过程中有什么疑问，请随时联系。

联系人：　　　　　电话：　　　　　E-mail:

一、变量测量

1. 在集群内部，与贵公司经常进行技术合作的企业、高校和科研机构有________家。

2. 从上面指出的合作组织中，尽量按照重要性，选出 8 家，分别给予编号 1-8，并对彼此之间的联系情况做出判断，在相应空格中打“√”。

第 1 家与第 2 至最后一家有无直接联系						
第 1 与第 2 □有 □无	第 2 家与第 3 至最后一家有无直接联系					
第 1 与第 3 □有 □无	第 2 与第 3 □有 □无	第 3 家与第 4 至最后一家有无直接联系				
第 1 与第 4 □有 □无	第 2 与第 4 □有 □无	第 3 与第 4 □有 □无	第 4 家与第 5 至最后一家有无直接联系			
第 1 与第 5 □有 □无	第 2 与第 5 □有 □无	第 3 与第 5 □有 □无	第 4 与第 5 □有 □无	第 5 家与第 6/7/8 家有无直接联系		
第 1 与第 6 □有 □无	第 2 与第 6 □有 □无	第 3 与第 6 □有 □无	第 4 与第 6 □有 □无	第 5 与第 6 □有 □无	第 6 家与第 7/8 家有无直接联系	
第 1 与第 7 □有 □无	第 2 与第 7 □有 □无	第 3 与第 7 □有 □无	第 4 与第 7 □有 □无	第 5 与第 7 □有 □无	第 6 与第 7 □有 □无	第 7 家与第 8 家有无直接联系
第 1 与第 8 □有 □无	第 2 与第 8 □有 □无	第 3 与第 8 □有 □无	第 4 与第 8 □有 □无	第 5 与第 8 □有 □无	第 6 与第 8 □有 □无	第 7 与第 8 □有 □无

3．下面对集群成员与集群外组织之间联系的描述，请根据集群的实际情况，在对应的空格中划“√”。

相关陈述	0 家	1 家	2 家	3 家	4 家	5 家
A1 集群内的 5 家核心企业中，有多少企业与集群外的产业领先者存在业务往来						
A2 集群内的 5 家核心企业中，有多少企业与集群外的重要高校、科研机构存在业务往来						
A3 行业内的 5 家领先企业中，有多少家与我们集群存在业务往来						
A4 与行业相关的 5 家重要高校、科研机构中，有多少家与我们集群存在业务往来						

4．下面对集群核心企业与集群外组织之间联系的描述，请根据集群的实际情况，在对应的空格中划“√”。

相关陈述	业务中的来往频率				
	很少	较少	一般	很频繁	频繁
B1 核心企业与业内领导者					
B2 核心企业与行业相关的高校					
B3 核心企业与行业相关的科研机构					

5．下面关于集群成员在全球产业网络中地位的描述，请根据集群的实际情况，在对应的空格中划“√”。

相关陈述	完全不符	有些不符	难以说清	有些符合	完全符合
C1 贵公司与行业内的全球领先企业在市场开拓方面有密切往来					
C2 贵公司与行业内的全球领先企业在技术研发方面有密切往来					
C3 贵公司的经营行为长期得到同行的认可					
C4 贵公司的市场行为通常会对同行产生示范效应					
C5 贵公司的技术研发行为会对行业发展产生重要的影响					

6．下面关于集群知识以及集群成员间知识差距的描述，请根据集群的实际情况，在对应的空格中划“√”。

相关陈述	完全不符	有些不符	难以说清	有些符合	完全符合
D1 贵公司很难从集群内的其他组织学到有用的知识					
D2 对于决定集群成功升级的关键技术，我们集群中的企业了解并不是很多					
D3 决定集群升级成功的关键技术很难通过培训来传授					
D4 要完全掌握决定集群升级的关键技术，必须依靠长期积累的工作经验和技巧					
E1 在我们集群中，集群企业的技术水平与科研实力存在较大差距					
E2 在我们集群中，集群企业的技术投入存在较大差距					
E3 在我们集群中，大家对于集群的技术发展方向有不同的认识					
E4 在我们集群中，企业制定的技术发展战略有所不同					
E5 集群企业关注的技术领域存在较大差异					

7. 下面关于贵公司吸收能力的描述，请根据贵公司的符合程度，在对应的空格中划“√”。

相关陈述	完全不符	有些不符	难以说清	有些符合	完全符合
F1 贵公司知道在组织间学习中应承担什么角色和责任					
F2 对于组织间学习，贵公司制定了明确的目标和计划					
F3 贵公司能在企业内组成一个团队，以获得和利用各种技术前沿信息					
F4 贵公司知道哪些员工有能力解决技术升级的相关问题					
F5 贵公司有能力对来自外界的新技术做出适应性改进					

8. 下面关于集群企业的产业远景能力的描述，请根据贵公司的符合程度，在对应的空格中划“√”。

相关陈述	完全不符	有些不符	难以说清	有些符合	完全符合
G1 贵公司非常清楚应该如何预测竞争对手、顾客、供应商的行为					
G2 贵公司非常清楚应该如何预测宏观环境对产业发展的影响					
G3 贵公司非常清楚应该如何把握产业技术的演化趋势					

9. 下面关于集群内组织间合作情况的描述，请根据贵公司的符合程度，在对应的空格中划“√”。

相关陈述	完全不符	有些不符	难以说清	有些符合	完全符合
H1 对于集群升级，我们都认为很有必要					
H2 对于如何进行集群升级，我们的认识比较一致					
H3 在集群升级中，各方都清楚自己的任务					
H4 在集群升级中，我们很少会有分歧					
I1 在与集群内组织合作时，他们能充分考虑贵公司的利益					
I2 在与集群内组织合作时，他们会充分关注和重视贵公司的需求					
I3 一旦有误会，合作方会主动采取措施消除和弥合					
I4 市场变化时，合作方不会轻易向贵公司转嫁成本					

10．下面关于集群成员的学习情况的描述，请根据贵公司的符合程度，在对应的空格中划“√”。

相关陈述	完全不符	有些不符	难以说清	有些符合	完全符合
J1 我们从集群外部获得了技术创新所需的信息					
J2 我们从集群外部获得了技术创新所需的经验、技术、方法等知识					
J3 我们从集群外部获得了市场创新所需的信息					
J4 我们从集群外部获得了市场创新所需的经验、技术、方法等知识					
J5 从集群外部获得的知识为我们创造了大量经济效益					
J6 从集群外部获得信息、经验、技术和方法等知识有效地推动了我们的技术创新					
J7 从集群外部获得信息、经验、技术和方法等知识有效地推动了我们的市场创新					
K1 我们从集群其他组织那里得到了技术创新必需的各种信息					
K2 我们从集群其他组织那里得到了技术创新必需的经验、技术、方法等知识					
K3 我们从集群其他组织那里得到了市场创新必需的各种信息					
K4 我们从集群其他组织那里得到了市场创新必需的经验、技术、方法等知识					
K5 只要集群其他组织有我们需要的知识或技术，我们一般都可以从他们那里得到					
K6 对转移过来的知识或技术，我们拥有所有权					
L1 在集群升级中，集群成员利用新知识来进行工艺创新					
L2 在集群升级中，集群成员利用新知识来优化流程					
L3 在集群升级中，集群成员利用新知识来提升产品整体功能					
L4 在集群升级中，集群成员利用新知识来开发新产品					
L5 在集群升级中，集群成员利用新知识来进入新的产业领域					
L6 在集群升级中，集群成员利用新知识开发新技术					

11．下面关于集群关系治理情况的描述，请根据集群的符合程度，在对应的空格中划“√”。

相关陈述	完全不符	有些不符	难以说清	有些符合	完全符合
M1 集群中存在公开的沟通的信息分享					
M2 集群成员的失信行为，会受到大家的谴责					
M3 集群中存在协作和共同解决问题的机制					
M4 集群成员会根据环境变化动态调整合同或协作机制					
M5 集群中存在彼此信任的文化氛围					

12．下面关于贵公司成长性的描述，请根据实际情况在空格处打“√”。

相关陈述	差	比较差	持平	比较好	非常好
O1 与行业平均水平相比，贵公司近两年的利润率增长情况					
O2 与行业平均水平相比，贵公司近两年的销售额增长情况					
O3 与行业平均水平相比，贵公司近两年的净资产增长情况					
O4 与行业平均水平相比，贵公司近两年的市场份额增长情况					
O5 与行业平均水平相比，贵公司近两年的客户满意度情况					
O6 与行业平均水平相比，贵公司近两年的新产品开发投入增长情况					
O7 与行业平均水平相比，贵公司近两年的新产品销售收入增长情况					
O8 与行业平均水平相比，贵公司近两年的员工士气情况					

二、公司基本情况

1．公司名称：______________________

2．产业集群名称或公司所在工业园区：______________

3．贵公司所在行业类型：

□ 信息技术　□ 新能源　□ 通信技术　□ 机械

□ 光电子　□ 医药　□ 新材料　□ 文化传媒

□ 其他

4．贵公司已经成立多少年：

□ 3 年以下　□ 3-5 年　□ 6-10 年　□ 11-20 年

□ 20 年以上

5．公司规模：

□ 100 人以下　□ 100-300 人　□ 301-500 人　□ 501-800 人

□ 800 人以上

问卷到此结束，再次衷心感谢您的大力支持！

附录 2：正式测试问卷

《基于集群知识网络的集群企业成长研究》调查问卷

尊敬的女士 / 先生：

您好！

非常感谢您在百忙之中参与此次问卷调查，衷心祝愿您和您的企业，在未来的发展中取得更大的成就！

本问卷是一项纯粹的学术研究活动，旨在考查集群或园区企业、集群外的企业之间的关系特征是如何影响集群企业成长的。答案没有对错之分，请选择最接近您看法的选项即可。您的回答对我们研究的顺利开展非常重要，有可能的话，问卷最好由贵公司的中、高级管理人员填写。本问卷的内容不会涉及贵企业的商业机密，所获信息也不会用于任何商业目的，敬请放心、如实填写。

如果您在问卷填写过程中有什么疑问，请随时联系。

联系人：　　　　　　电话：　　　　　　　E-mail：

一、变量测量

1. 在集群内部，与贵公司经常进行技术合作的企业、高校和科研机构有________家。

2. 从上面指出的合作组织中，尽量按照重要性，选出 8 家，分别给予编号 1-8，并对彼此之间的联系情况做出判断，在相应空格中打“√”。

第 1 家与第 2 至最后一家有无直接联系							
第 1 与第 2 □有 □无	第 2 家与第 3 至最后一家有无直接联系						
第 1 与第 3 □有 □无	第 2 与第 3 □有 □无	第 3 家与第 4 至最后一家有无直接联系					
第 1 与第 4 □有 □无	第 2 与第 4 □有 □无	第 3 与第 4 □有 □无	第 4 家与第 5 至最后一家有无直接联系				
第 1 与第 5 □有 □无	第 2 与第 5 □有 □无	第 3 与第 5 □有 □无	第 4 与第 5 □有 □无	第 5 家与第 6/7/8 家有无直接联系			
第 1 与第 6 □有 □无	第 2 与第 6 □有 □无	第 3 与第 6 □有 □无	第 4 与第 6 □有 □无	第 5 与第 6 □有 □无	第 6 家与第 7/8 家有无直接联系		
第 1 与第 7 □有 □无	第 2 与第 7 □有 □无	第 3 与第 7 □有 □无	第 4 与第 7 □有 □无	第 5 与第 7 □有 □无	第 6 与第 7 □有 □无	第 7 家与第 8 家有无直接联系	
第 1 与第 8 □有 □无	第 2 与第 8 □有 □无	第 3 与第 8 □有 □无	第 4 与第 8 □有 □无	第 5 与第 8 □有 □无	第 6 与第 8 □有 □无	第 7 与第 8 □有 □无	

3．下面对集群成员与集群外组织之间联系的描述，请根据集群的实际情况，在对应的空格中划“√”。

相关陈述	0 家	1 家	2 家	3 家	4 家	5 家
A1 集群内的 5 家核心企业中，有多少企业与集群外的产业领先者存在业务往来						
A2 集群内的 5 家核心企业中，有多少企业与集群外的重要高校、科研机构存在业务往来						
A3 行业内的 5 家领先企业中，有多少家与我们集群存在业务往来						
A4 与行业相关的 5 家重要高校、科研机构中，有多少家与我们集群存在业务往来						

4. 下面对集群核心企业与集群外组织之间联系的描述，请根据集群的实际情况，在对应的空格中划“√”。

相关陈述	业务中的来往频率				
	很少	较少	一般	很频繁	频繁
B1 核心企业与业内领导者					
B2 核心企业与行业相关的高校					
B3 核心企业与行业相关的科研机构					

5. 下面关于集群成员在全球产业网络中地位的描述，请根据集群的实际情况，在对应的空格中划“√”。

相关陈述	完全不符	有些不符	难以说清	有些符合	完全符合
C1 贵公司与行业内的全球领先企业在市场开拓方面有密切往来					
C2 贵公司与行业内的全球领先企业在技术研发方面有密切往来					
C3 贵公司的经营行为长期得到同行的认可					
C4 贵公司的市场行为通常会对同行产生示范效应					
C5 贵公司的技术研发行为会对行业发展产生重要的影响					

6. 下面关于集群知识以及集群成员间知识差距的描述，请根据集群的实际情况，在对应的空格中划“√”。

相关陈述	完全不符	有些不符	难以说清	有些符合	完全符合
D1 贵公司很难从集群内的其他组织学到有用的知识					
D2 对于决定集群成功升级的关键技术，我们集群中的企业了解并不是很多					
D3 决定集群升级成功的关键技术很难通过培训来传授					
D4 要完全掌握决定集群升级的关键技术，必须依靠长期积累的工作经验和技巧					
E1 在我们集群中，集群企业的技术水平与科研实力存在较大差距					
E2 在我们集群中，集群企业的技术投入存在较大差距					
E3 在我们集群中，大家对于集群的技术发展方向有不同的认识					
E4 在我们集群中，企业制定的技术发展战略有所不同					
E5 集群企业关注的技术领域存在较大差异					

7. 下面关于贵公司吸收能力的描述，请根据贵公司的符合程度，在对应的空格中划“√”。

相关陈述	完全不符	有些不符	难以说清	有些符合	完全符合
F1 贵公司知道在组织间学习中应承担什么角色和责任					
F2 对于组织间学习，贵公司制定了明确的目标和计划					
F3 贵公司能在企业内组成一个团队，以获得和利用各种技术前沿信息					
F4 贵公司知道哪些员工有能力解决技术升级的相关问题					
F5 贵公司有能力对来自外界的新技术做出适应性改进					

8. 下面关于集群企业的产业远景能力的描述，请根据贵公司的符合程度，在对应的空格中划“√”。

相关陈述	完全不符	有些不符	难以说清	有些符合	完全符合
G1 贵公司非常清楚应该如何预测竞争对手、顾客、供应商的行为					
G2 贵公司非常清楚应该如何预测宏观环境对产业发展的影响					
G3 贵公司非常清楚应该如何把握产业技术的演化趋势					

9. 下面关于集群内组织间合作情况的描述，请根据贵公司的符合程度，在对应的空格中划“√”。

相关陈述	完全不符	有些不符	难以说清	有些符合	完全符合
H1 对于集群升级，我们都认为很有必要					
H2 对于如何进行集群升级，我们的认识比较一致					
H3 在集群升级中，各方都清楚自己的任务					
H4 在集群升级中，我们很少会有分歧					
I1 在与集群内组织合作时，他们能充分考虑贵公司的利益					
I2 在与集群内组织合作时，他们会充分关注和重视贵公司的需求					
I3 一旦有误会，合作方会主动采取措施消除和弥合					
I4 市场变化时，合作方不会轻易向贵公司转嫁成本					

10．下面关于集群成员的学习情况的描述，请根据贵公司的符合程度，在对应的空格中划“√”。

相关陈述	完全不符	有些不符	难以说清	有些符合	完全符合
J1 我们从集群外部获得了技术创新所需的信息					
J2 我们从集群外部获得了技术创新所需的经验、技术、方法等知识					
J3 我们从集群外部获得了市场创新所需的信息					
J4 我们从集群外部获得了市场创新所需的经验、技术、方法等知识					
J5 从集群外部获得信息、经验、技术和方法等知识有效地推动了我们的技术创新					
J6 从集群外部获得信息、经验、技术和方法等知识有效地推动了我们的市场创新					
K1 我们从集群其他组织那里得到了技术创新必需的各种信息					
K2 我们从集群其他组织那里得到了技术创新必需的经验、技术、方法等知识					
K3 我们从集群其他组织那里得到了市场创新必需的各种信息					
K4 我们从集群其他组织那里得到了市场创新必需的经验、技术、方法等知识					
K5 只要集群其他组织有我们需要的知识或技术，我们一般都可以从他们那里得到					
K6 对转移过来的知识或技术，我们拥有所有权					
L1 在集群升级中，集群成员利用新知识来进行工艺创新					
L2 在集群升级中，集群成员利用新知识来优化流程					
L3 在集群升级中，集群成员利用新知识来提升产品整体功能					
L4 在集群升级中，集群成员利用新知识来开发新产品					
L5 在集群升级中，集群成员利用新知识来进入新的产业领域					
L6 在集群升级中，集群成员利用新知识开发新技术					

11．下面关于集群关系治理情况的描述，请根据集群的符合程度，在对应的空格中划“√”。

相关陈述	完全不符	有些不符	难以说清	有些符合	完全符合
M1 集群中存在公开的沟通的信息分享					
M2 集群成员的失信行为，会受到大家的谴责					
M3 集群中存在协作和共同解决问题的机制					
M4 集群成员会根据环境变化动态调整合同或协作机制					
M5 集群中存在彼此信任的文化氛围					

12．下面关于贵公司成长性的描述，请根据实际情况在空格处打“√”。

相关陈述	差	比较差	持平	比较好	非常好
O1 与行业平均水平相比，贵公司近两年的利润率增长情况					
O2 与行业平均水平相比，贵公司近两年的销售额增长情况					
O3 与行业平均水平相比，贵公司近两年的净资产增长情况					
O4 与行业平均水平相比，贵公司近两年的市场份额增长情况					
O5 与行业平均水平相比，贵公司近两年的客户满意度情况					
O6 与行业平均水平相比，贵公司近两年的新产品销售收入增长情况					

二、公司基本情况

1．公司名称：________________

2．产业集群名称或公司所在工业园区：________________

3．贵公司所在行业类型：

□信息技术　□新能源　□通信技术　□机械　□光电子

□医药　□新材料　□文化传媒　□其他

4．贵公司已经成立多少年：

□3 年以下　□3-5 年　□6-10 年　□11-20 年　□20 年以上

5．公司规模：

□100 人以下　□100-300 人　□301-500 人　□501-800 人

□800 人以上

问卷到此结束，再次衷心感谢您的大力支持！

参考文献

[1] 胡宇辰．产业集群支持体系［M］．北京：经济管理出版社，2005.

[2]［美］迈克尔·波特．竞争论［M］．北京：中信出版社，2003.

[3]［英］马歇尔著，朱志泰译．经济学原理［M］．北京：商务印书馆，1991.

[4] 马庆国．管理统计——数据获取、统计原理 SPSS 工具与应用研究［M］．北京：科学出版社．2002.

[5] 傅京燕．中小企业集群的竞争优势及其决定因素［J］．外国经济与管理，2003，25.

[6] 邬爱其．超集群学习与集群企业转型成长——基于浙江卡森的案例研究［J］．管理世界，2009，8.

[7] 张书军，李新春．集群资源、战略网络与企业竞争力［J］．产业经济评论，2005，12.

[8] 郭劲光，高静美．网络资源与竞争优势：一个企业社会学视角下的观点［J］．中国工业经济，2004（3）: 79-86.

[9] 盖文启．创新网络：区域经济发展新思维［M］．北京：北京大学出版社，2002.

[10] 霍云福，陈新跃等．企业创新网络研究［J］．科学学与科学技术管理，2002（10）: 50-53.

[11] 李焕荣，林健．基于系统观的战略网络的内涵、结构和特性研究［J］．当代财经，2004（7）: 76.

[12] 罗仲伟，罗美娟．网络组织对层级组织的替代［J］．中国工业经济，

2001（6）: 23-30.
[13] 李小建. 跨国公司对区域经济发展影响的理论研究［J］. 地理研究, 1997, 16（3）: 101-111.
[14] 马庆国. 管理科学研究方法与研究生学位论文的评判参考标准［J］. 管理世界, 2004（12）: 99-108, 145.
[15] 仇保兴. 小企业集群研究［M］. 上海: 复旦大学出版社, 1999.
[16] 魏守华, 石碧华. 论企业集群的竞争优势［J］. 中国工业经济, 2002a,（1）: 59-65.
[17] 魏守华. 产业群的动态研究以及实证分析［J］. 世界地理研究, 2002b, 11（3）: 16-24.
[18] 王缉慈. 创新的空间——企业集群与区域发展［M］. 北京: 北京大学出版社, 2001.
[19] 王迎军. 企业资源与竞争优势［J］. 南开管理评论, 1998（1）: 33-37.
[20] 邬爱其. 集群企业网络化成长机制研究——对浙江三个产业集群的实证研究［D］. 浙江大学博士学位论文, 2004.
[21] 吴晓波, 耿帅, 徐松屹. 基于共享性资源的集群企业竞争优势分析［J］. 研究与发展管理, 2004, 4.
[22] 谢洪明, 蓝海林. 战略网络中嵌入关系的决定因素及其特征和影响［J］. 管理科学, 2003（2）: 11-17.
[23] 项后军, 朱晓艳, 朱瑞忠. 企业“集群化成长”理论的重新研究: 基于核心企业的视角［J］. 科学学研究, 2009, 6.
[24] 项枫. 基于核心企业网络构建的产业集群升级研究［J］. 浙江学刊, 2012（5）: 174-179.
[25] 徐金发, 许强, 王勇. 企业的网络能力剖析［J］. 外国经济与管理, 2001（11）: 21-25.
[26] 徐蕾. 集群创新网络内涵、运行机制与研究展望［J］. 情报杂志, 2012（5）: 202-208.
[27] 朱海就, 陆立军, 袁安府. 从企业网络看产业集群竞争力差异的原因——浙江和意大利产业集群的比较［J］. 软科学, 2004（1）: 53-56.
[28] 袁红林. 小企业组织创新——网络组织［J］. 求实, 2005, 9.
[29] 张学华. 产业集群研究中企业竞争优势特征研究: 以浙江台州为例

[D]. 浙江大学硕士学位论文，2004.
[30] 朱华晟. 浙江省产业——产业网络、成长轨迹与发展动力 [M]. 杭州：浙江大学出版社，2003.
[31] 陈伟鸿，王会龙. 企业迁移的理论基础及其演变脉络 [J]. 经济评论，2007，(3): 155-158.
[32] 方刚. 基于资源观的企业网络能力与创新绩效的关系 [D]. 浙江大学博士学位论文，2008.
[33] 王庆喜. 企业资源与竞争优势：基于浙江民营制造业企业的理论与经验研究 [D]. 浙江大学博士学位论文，2004.
[34] 方建国. 基于战略网络视角的企业关系资源 [J]. 科技进步与对策，2005，12.
[35] 顾兴树，揭筱纹，杨斌. 企业成长研究——基于动态能力与外部战略风险匹配视角 [J]. 现代管理科学，2009，3.
[36] [美] 阿尔弗雷德·韦伯著，李刚剑等译. 工业区位论 [M]. 北京：商务印书馆，1997：87-89.
[37] [美] 保罗·克鲁格曼. 地理和贸易 [M]. 北京：北京大学出版社，2000：208-220.
[38] 蔡铂，聂鸣. 产业集群的创新机理研究 [J]. 研究与发展管理，2006(2): 45-49.
[39] 蔡铂，聂鸣. 社会网络对产业集群技术创新的影响 [J]. 科学学与科学技术管理，2003(7): 57-60.
[40] 蔡宁，吴结兵. 企业集群的竞争优势：资源的结构性整合 [J]. 中国工业经济，2002(7): 45-50.
[41] 耿帅. 基于共享性资源观的集群企业竞争优势研究 [D]. 浙江大学博士学位论文，2005.
[42] 黄冬梅，杜伟锦. 浙江民营企业迁移的理论动因叨 [J]. 经济论坛，2006(6): 24-29.
[43] 黄洁. 集群企业成长中的网络演化：机制与路径研究 [D]. 浙江大学博士学位论文，2006.
[44] 林润辉. 网络组织与企业高成长 [M]. 天津：南开大学出版社，2004：35-40.

[45] 韦影．企业社会资本对技术创新绩效的影响：基于吸收能力的视角［D］．浙江大学博士学位论文，2005.

[46] 魏江，沈璞，樊培仁．基于企业家网络的企业家学习过程模式剖析［J］．浙江大学学报（人文社科版），2005(3): 150-157.

[47] 魏江．产业集群——创新系统与技术学习［M］．北京：学习出版社，2003：143-149.

[48] 文嫱，曾刚．全球价值链治理与地方产业网络升级研究［J］．中国工业经济，2005(7): 20-27.

[49] 邬爱其．企业集群化成长的网络机制及其影响因素研究：以浙江省为例［D］．浙江大学博士学位论文，2004.

[50] 吴波．基于匹配视角的集群企业网络化成长机制研究［D］．浙江大学博士学位论文，2007.

[51] 吴强军．浙江省中小企业集群化成长影响因素实证研究［D］．浙江大学博士学位论文，2004：6.

[52] 吴群英，汪少华．浙江企业依托块状经济的跨界发展研究［J］．经济问题探索，2006(1): 112-115.

[53] 吴晓波，耿帅．区域集群自黔胜风险成因分析［J］．经济地理，2003(11): 72-73.

[54] 项后军．外资企业的迁移及其根植性问题研究：以台资企业为例［J］．浙江社会科学，2004(4): 38-44.

[55]［英］亚当·斯密．国民财富的性质和原因的研究［M］．北京：商务印书馆，1975：98-110.

[56] 杨瑞龙，朱春燕．网络与社会资本的经济学分析框架［J］．学习与探索，2002(1): 64.

[57] 杨门柱．经济全球化视角下的地方集群的困境［J］．浙江经济，2003(19): 2-6.

[58] 杨小凯，黄有光．专业化与经济组织［M］．北京：经济科学出版社，1999：87-95.

[59] 姚先国，朱海就．产业区“灵活专业化”的两种不同模式比较［J］．中国工业经济，2006(6): 451-465.

[60] 叶建亮. 知识溢出与企业集群 [J]. 科学学研究, 2001, 65(3): 46-50.
[61] 曾一军. 企业战略网络及其动态进化研究 [J]. 工业技术经济, 2008, 5.
[62] 迈克尔·波特. 国家竞争优势 [M]. 北京: 华夏出版社, 2002.
[63] 谢洪明, 刘跃所. 战略网络、战略生态与企业的战略行为 [J]. 科学研究管理, 2005 (2): 33-36.
[64] 王益民, 宋琰纹. 全球生产网络效应、集群封闭性及其“升级悖论”——基于大陆台商笔记本电脑产业集群的分析 [J]. 中国工业经济, 2007(4): 46-53.
[65] 张瑶, 刘德学. 基于全球生产网络的开放式产业创新体系构建 [J]. 科技管理研究, 2007 (2): 169-171.
[66] 马迎贤. 组织间关系: 资源依赖视角的研究综述 [J]. 管理评论, 2005 (2): 55-62.
[67] 王小青. 多层网络条件下产业集群核心企业网络资源研究 [J]. 新西部, 2009, 20.
[68] 刘东. 企业网络论 [M]. 北京: 中国人民大学出版社, 2003.
[69] 刘军. 社会网络分析导论 [M]. 北京: 社会科学文献出版社, 2004.
[70] 罗家德. 社会网络分析讲义 [M]. 北京: 社会科学文献出版社, 2005.
[71] 任胜刚. 网络能力结构的测评及其对企业创新绩效的影响机制研究 [J]. 南开评论, 2010, 13.
[72] 左小明. 基于多层次列表的多核制造集群网络资派计划体系 [D]. 暨南大学博士学位论文, 2009.
[73] 耿帅. 共享性资源与集群企业竞争优势的关联性分析 [J]. 管理世界, 2005 (11): 112-119.
[74] 蔡宁. 产业集群组织间关系密集性的社会网络分析 [J]. 浙江大学学报 (人文社会科学版), 2006 (7): 58-65.
[75] 陈蓓蕾. 产业集群社会资本锁定的成因与对策研究——基于全球生产网络视角 [J]. 技术经济, 2007 (9): 9-12.
[76] 曾德明, 覃荔荔, 王业静. 产业集群知识网络中粘滞知识的转移机理研究 [J]. 财经理论与实践, 2009 (3): 97-101.
[77] 张兵等. 知识流动的小世界——基于关系强度的观点 [J]. 科学学研究, 2009(9): 1312-1321.

［78］张龙. 知识网络结构及其对知识管理的启示［J］. 研究与发展管理，2007，19（2）: 86-91.

［79］王晓娟. 知识网络与集群企业创新绩效——浙江黄岩模具产业集群的实证研究［J］. 科学学研究，2008（8）: 874-882.

［80］傅荣，裘丽，张喜征，胡湘云. 产业集群参与者交互偏好与知识网络演化：模型与仿真［J］. 中国管理科学，2006（4）: 128-133.

［81］黄训江. 集群知识网络结构演化特征［J］. 系统工程，2011（12）: 77-83.

［82］赖红波等. 产业集群的自我否定与跨网络学习——以浙江温州低压电器产业集群为例［J］. 华东经济管理，2011（2）: 13-20.

［83］程聪，谢洪明. 集群企业社会网络嵌入与关系绩效研究［J］. 南开管理评论，2012（4）: 28-35.

［84］李文博等. 集群情景下企业知识网络演化的关键影响因素［J］. 研究发展管理，2011（6）: 17-26.

［85］张辉. 全球价值链理论与产业发展研究［J］. 中国工业经济，2004（5）: 38-46.

［86］顾慧君. 基于社会网络结构分析的产业集群升级研究［J］. 产业经济评论，2007（6）: 157-171.

［87］刘友金，罗发友. 基于焦点企业成长的集群演进机理研究——以长沙工程机械集群为例［J］. 管理世界，2005（10）: 159-161.

［88］郑毅. 技术创新、焦点企业治理与企业集群成长［J］. 渤海大学学报（哲学社会科学版），2006（4）: 88-91.

［89］张永安，付韬. 焦点企业核型结构产业集群创新网络演进模型、问题及对策研究［J］. 软科学，2010（2）: 64-71.

［90］林润辉. 网络组织与企业高成长［M］. 天津：南开大学出版社，2004.

［91］文嫮，曾刚. 全球价值链治理与地方产业网络升级研究［J］. 中国工业经济，2005（7）: 20-27.

［92］邓智团. 非对称网络能力与产业网络的空间组织［J］. 中国工业经济，2010（3）: 149-155.

［93］刘闲月，林峰，孙锐. 网络位势对集群企业知识扩散与创新的影响研究［J］. 中国科技论坛，2012（6）: 90-96.

［94］朱海燕，魏江，周斌非. 知识密集型服务业与制造业交互创新机理研究

[J]. 西安电子科技大学学报（社会科学版），2008（2）: 1-7.

[95] 蔡宁，吴结兵. 产业集群的网络式创新能力及其集体学习机制 [J]. 科研管理，2005（7）: 22-29.

[96] 于海波，方俐洛，凌文辁. 企业组织的学习结构 [J]. 心理学报，2006（4）: 590-597.

[97] 魏江. 叶波. 企业集群的创新集成：集群学习与挤压效应 [J]. 中国软科学，2002（12）: 38-42.

[98] 魏江. 产业集群——创新系统与技术学习 [M]. 北京：科学出版社，2003.

[99] 张毅，张子刚. 企业网络组织间学习过程的二维模型 [J]. 科学学与科学技术管理，2005（9）: 67-71.

[100] 车维汉. 日本企业间长期连续性交易的治理结构分析 [J]. 东北亚论坛，2004，6.

[101] 袁静，毛蕴诗. 垂直企业间关系治理与日本汽车企业的筹供策略变革 [J]. 中大管理研究，2007（1）: 1-11.

[102] 徐龙顺，邵云飞，唐小我. 集群创新网络结构对等性及其对创新的影响 [J]. 软科学，2008（7）: 35-40.

[103] 李文博等. 集群情景下企业知识网络演化的关键影响因素 [J]. 研究发展管理，2011（6）: 17-26.

[104] 魏江等. 基于集群治理的产业集群内企业知识资产保护模式研究 [J]. 科学学研究，2010（9）: 1354-1360.

[105] 吴波，贾生华. 网络开放、战略先行与集群企业吸收能力构建 [J]. 科学学研究，2009（12）: 1845-1855.

[106] 杨锐，夏彬. 网络关系构建及其对企业成长绩效影响研究 [J]. 科研管理，2016（5）: 104-106.

[107] 朱秀梅，李明芳. 创业网络特征对资源获取的动态影响——基于中国转型经济的证据 [J]. 管理世界，2011（6）: 105-115.

[108] 郑健壮，叶铮等. 集群企业开放度对创新绩效的影响机制研究 [J]. 科研管理，2017（4）: 21-23.

[109] John Scott. 社会网络分析法 [M]. 刘军译，重庆：重庆大学出版社，2007.

[110] Breschi & F. Lissoni. Knowledge Spillovers and Local Innovation Systems: A Critical Survey [J]. Industrial and Corporate Change, 2001(4): 975-1005.

[111] J. B. Barney. Stragic Factor Markets: Expectations, Luck, and Business strategy[J]. Management Science, 1986(10): 1231-1241.

[112] J.B. Barney. Firm Resource and Sustained Competitive Advantage[J]. Journal of Management, 1991(l): 99-120.

[113] J. B. Barney. Resource-based Theories of Competitive Advantage: A Ten-Year Retrospective on the Resource-based View [J]. Journal of Management, 200l(6): 643-650.

[114] J. B. Barney. Is the Resource-based View， a Useful Perspective for Strategic Management Research? Yes [J]. Academic of Management Review, 2001(l): 41-56.

[115] J. B. Barney. Gaining and Sustaining Competitive Advantage [M]. Prentice Hall, 1991.

[116] M. Best. The New Competition Institutions of Industrial Restructuring [M]. Cambridge: Harvard University Press, 1990.

[117] R.A. Boschma & K. Frenken. Application of Evolutionary Economic Geography [J]. DRUID Working Paper, 2006: 6-26.

[118] R.A. Boschma & A. L. J. Ter Wal Knowledge Networks and Innovative Performance an Industrial District: The Ease of a Footwear District in the South of Italy [J]. Papers in Evolutionary Economic Geography, Utrecht University, 2006.

[119] R. H. Coase. The Nature of the Firm [J]. Economies, 1937(16): 386-405.

[120] R. H. Coase. The Problem of Social Cost [J]. The Journal of Law and Economics, 1960(3): 1-44.

[121] J. A. Barnes. Social Networks [M]. Addison-Wesley Module in Anthropology, 1974, No.26.

[122] J. A. Bames. Graphytheory and Social Networks [J]. Sociology, 1969: 3-3.

[123] M. E. Porter. Clusters and the New Economics of Competition [J]. Harvard Business Review， 1998(6): 77-90.

[124] M. Granover. Economic Action and Social Structure: The Problem of Embeddedness [J]. American Journal of Sociology, 1985(91): 481-510.

[125] B. Uzzi. Social Structure and Competition in Inter-Firm Networks: The Paradox of Embeddedness [J]. Administrative Science Quarterly, 1997(42): 35-67.

[126] B. Uzzi. The Sources and Consequences of Embeddedness for the Economic Performance of Organizations: The Network Effect [J]. American Socialological Review, 1996(4): 674-698.

[127] M. Granovetter. The Strength of Weak Tie [J]. America N Journal of Sociology, 1973(6): 1360-1380.

[128] M. Granovetter. Economic Action and Social Structure: The Problem of Embeddedness [J]. American Journal of Sociology, 1985(3): 481-510.

[129] B. Harrison. Industrial Disrtict: Old Wine in New Bottles[J]. Regional Studies, 1992(5): 469-483.

[130] L.J. Harrison-Walker. The Measurement of a Market Orientation and Its Impact on Business Performance [J]. Journal of Quality Management, 2001 (2): 139-172.

[131] J.H. Dyer & K. Nobeoka. Creating and Managing a High-Performance Knowledge-Sharing Network: The Toyota Case [J]. Strategic Management Journal, 2000(3): 345-367.

[132] J. H. Dyer & H. Singh. The Relational View: Cooperative Strategy and Sources of Inter-Organizational Competitive Advantage [J]. Academy of Management Review, 1998(4): 660-679.

[133] J.H. Dyer. Effective Inter-Firm Collaboration: How Firms Minimize Transaction Costs and Maximize Transaction Value [J]. Strategic Management Journal, 1997(18): 535-556.

[134] M.S. Gertler. “Being There”, Proximity, Organization, and Culture In the Development and Adoption of Advanced Manufacturing Technologies [J]. Economic Geography, 2001(1): 1-26.

[135] M.S. Gertler. Tacit Knowledge and the Economic Geography, or The

Underfnable Tacitness of Being(there) [J]. Journal of Economic Geography, 2003(1):75-99.

[136] P. Maskell & M. Lorenzen. The Cluster as Market Organization [W]. DRUID Working Paper, 2003, No. 3-14.

[137] P. Maskell & A. Malmberg. Localized Learning and Industrial Competitiveness [J]. Cambridge Journal of Economics, 1999a(2): 167-185.

[138] P. Maskell & A. Malmberg. The Competitiveness of Firms and Regions: Ubiquitifieation and the Importance of Localized Learning [J]. European Urban and Regional Studies, 1999b(1): 9-25.

[139] P. Maskell. The Firm in Economic Geography [J]. Economic Geography, 200la(4): 329-344.

[140] D. J. Teeee. The Dynamics of Industrial Capitalism: Perspectives On Alrfed Chandler's Scale and Scope [J]. Journal of Economic Literature, 1993(l): 199-225.

[141] D. J. Teece. G. Piasno and A. Shuen. Dynamic Capabalities and Strategic Management[J]. Strategic Management Journal, 1997 (7): 509-533.

[142] E. Penrose. The Theory of the Growth of the Firm [M]. New York: John Wiley, 1959.

[143] M. E. Porter. Clusters and the New Economics of Competition [J]. Harvard Business Review, 1998(11/12): 77-90.

[144] M. E. Porter. The Competitive Advantage of Nations [M]. London: Macmillan 1990.

[145] M. E. Porter. Competitive Strategy [M]. Free Press: NewYork, 1980.

[146] A. Coles, L. Harris & K. Dickson. Testing Goodwill: Conflict and Cooperation in New Product Development Networks[J]. International Journal of Technology Management, 2003(25): 51-64.

[147] H. Hakansson. Understanding Business Markets. New York: Croomelm, 1987.

[148] M. Storper & A. J. Venables. Buzz: The Economic Force of the City [C]. Paper Presented at the DRUID Summer Conference on Industrial Dynamics

of the New and old Economy: Who is Embracing, 2002.

[149] M. Storper. The Regional World: Territorial Development In a Global Economy [M]. New York: Guilford Press, 1997.

[150] O.E. Williamson. Markets and Hierarchies: Analysis and Antitrust Implications [M]. New York: Free Press, 1975.

[151] O. E. Williamson. The Economic Institutions of Capitalism [M]. New York: Free Press, 1985.

[152] C. Fereman. Networks of Innovators: A Synthesis of Research Issues [J]. Research Policy, 1991(5): 499-514.

[153] C. Freeman. The Economics of Technical Change [J]. Cambridge Journal of Economics, 1994(5): 463-514.

[154] D. Ford. The Development of Buyer-Seller Relationships in Industrial Markets [J]. European Journal of Marketing, 1980, 14 (5/6): 339-54.

[155] H. Hakansson & I. Snehota. Developing Relationships in Business Networks [M]. Boston: International Thomson Press, 1995.

[156] H. Hakansson & P. W. Turnbull. Intercompany Relationships: An Analytical Framework [J]. Working Paper of the Centre of International Business Studies, UPP Sala University, 1982.

[157] H. Hakansson. International Marketing and Purchasing of Industrial Goods: An Interaction Approach Chichester: Wiley & Sons Ltd., 1982.

[158] H. Hakansson. Product Development In Networks. In H. Hakansson (ed.), Technological Development: A new Work Proach [M]. New York: Croom Helm, 1987.

[159] H. Hakansson & B. Henders. International Cooperative Relation Ships In Technological Development. In M. Forsgren, J. Johnason, et al. (eds.), Managing Networks International Usiness (pp.32-46). Philadelphia: Gordon and Breach(1992).

[160] T. Ritter & H. G. Gemunden Interorganizational Relationships and Networks: An Overview [J]. Journal of Business Research, 2003(56): 691-697.

[161] T. Ritter. A Framework for Analyzing Interconnectedness of Relationships

[J]. Industrial Marketing Management, 2000(29): 317-326.

[162] B.Uzzi. Social Structure and Competition in Inter-firm Network: The Paradox of Embeddedness, Administrative Science Quarterly, 1997(1): 35-67.

[163] M. Granovetter. Economic Action and Social Structure: The Problem of Embeddedness [J]. American Journal of Sociology, 1985(3): 481-510.

[164] S. L. Borwn & K. M. Eisenhardt [J]. Product Development: Past Research, Present Finding Future Directions [J]. Academy of Management Review, 1995(2): 343-378.

[165] R. S. Burt. Models of Network Structure [J]. Annual Review of Sociology, 1980 (6): 79-141.

[166] R. S. Burt. Toward a Structure Theory of Action: Network Models of Social Structure, Perception and Action [M]. New York: Academic Press, 1982.

[167] R. S. Burt Range.In R.S.Burt and M.J.Minor (eds.), Applied Network Analysis: A Methodological Introduction [M]. Beverly Hills, CA: Sage, 1983.

[168] R. S. Burt. Strctuarl Holes [M]. Cambridge MA: Harvard University Press, 1992.

[169] K. Nadvi & G. Halder. Local Cluster In Global Value Chain: Exploring Dynamic Linkages between Germany and Pakistan [A]. IDS Working Paper. Briighton: Institute of Development Studies, 2002.

[170] A. Markusen. Sticky Places in Slippery Space: A Typology of Industrial Districts [J]. Economic Geography, 1996(72): 293-313.

[171] M. T. Hansen. The Search-Transfer Problem: The Role of Weak Ties in Sharing Knowledge Across Organization Subunits [J]. Administrative Science Quarterly, 1999(1): 82-111.

[172] A. Joel Baum & P. Ingram. Inter-Organizational Learning and Network Organization: Toward a Behavioral Theory of the Inter-Firm [R]. Working Papers, 2001.

[173] L. Smith-Doerr, J. Owen-Smith, K. W. Kogut & W. W. Powell Networks and Knowledge Production: Collaboration and Patenting in Biotechnology.

In: R.T. A. J. Leenders & S. M. Gabbay (eds.). Corporate Social Capital and Liability [M]. Norwell, MA: Kluwer Academic Publishers, 1999.

[174] I. Bouty. Interpersonal and Interaction Influences on Informational Resource Exchange between R & D Researchers Across Organizational Boundaries [J]. Academy of Management Journal, 2000 (1): 50-65.

[175] OECD. Knowledge-based Economy [M]. Economy Dairy Press: 1998.

[176] S. Mikael. Creating Knowledge Networks: Lessons from Practice [J]. Journal of Knowledge Management, 2005(6): 17-29.

[177] A. Seufert, G. Von Krogh & B. Andrea. Towards Knowledge Networking [J]. Journal of Knowledge Management, 1999(3): 180-190.

[178] R. Cowan et al. Bilateral Collaboration and the Emergence of Innovation Networks [J]. Management Science, 2007(7): 1051-1067.

[179] B. Giuliani. Industrial Clusters and the Evolution of Their Knowledge Networks: Revisiting a Chilean Case [N]. SPRU Electronic Working Paper Series, 2008: 171.

[180] R. Capello & A. Faggian. Collective Learning and Relational Capital in Local Innovation Process [J]. Regional Studies, 2005(1): 75-87.

[181] C. Paraskevas & A. K. Indounas. Exploring the Role of Relationship Pricing in Industrial Export Settings: Empirical Evidence from the UK [J]. Industrial Marketing Management, 2010(3): 460-472.

[182] C. Boari. Industrial Clusters, Focal Firms, and Economic Dymmism: A Perspective from Italy [R]. Working Paper for World Bank Institute, 2001.

[183] C. Boari & A. Lipparini. Networks within Industrial Districts: Organizing Knowledge Creation and Transfer by Means of Moderate Hierarchies [J]. Journal of Management and Governance, 1999 (3): 339-360.

[184] J. Owen-Smith & W. W. Powell. Knowledge Networks as Channels and Conduits: The Effects of Spillovers in the Boston Biotechnology Community [J]. Organization Science, 2004(1): 5-21.

[185] H. Bathelt, A. Malmberg & P. Maskell. Clusters and Knowledge: Local Buzz, The Process of Knowledge Creation [J]. Progress in Human Geography, 2004(1): 31-56.

[186] K. B. Clark. The Interaction of Design Hierarchies and Market Concepts in Technological Evolution [J]. Research Policy. 1985(5): 235-251.

[187] S. Tallman, M. Jenkins, N. Henry & S. Pinch. Knowledge Clusters, and Competitive Advantage [J]. Academy of Management Review, 2004(2): 258-271.

[188] F. Malerba. Sectoral Systems of Innovation and Production: Concepts, Analytical Framework and Empirical Evidence, Paper Prepared for the ECIS Conference "The Future of Innovation Studies" [J]. Eindhoven, 2001(9): 20-23.

[189] F. Malerba. Sectoral Systems of Innovation and Production[J]. Research Policy 2002(31): 247-264.

[190] A. Seufert, K. G. Von & A. Bach. Towards Knowledge Networking [J]. Journal of Knowledge Management, 1999(3): 180-190.

[191] B. Yelaran, Oyeyinka Knowledge. Networks and Technological Capabilities in the African Manufacturing Cluster [J]. Science, Technology & Society, 2003(1): 1-23.

[192] A. Seufert & A. Bach. Towards Knowledge Networking [J]. Journal of Knowledge Management, 1999(3): 180-190.

[193] P. Cooke. Regional Innovation Systems: General Finding and Some New Evidence from Biotechnology Cluster [J]. Journal of Technology Transfer, 2002 (27): 133-145.

[194] J. S. Coleman. Social capital in the Creation of Human Capital [J]. American Journal of Sociology, 1998(94): 95-120.

[195] H. Bathelt A. Malmberg & P. Maskell Clusters and Knowledge: Local Buzz, Global Pipelines and the Process of Knowledge Creation [J]. Progress in Human Geography 2004(1): 31-56.

[196] D. A. Wolfe & M. S. Gertler Clusters From the Inside and Out: Local Dynamics and Global Linkages [J]. Urban Studies 2004(5/6): 1071-1093.

[197] H. C. White Chains of Opportunity [M]. Cambridge, MA: Harvard University Press, 1970.

[198] Giuliani. The Structure of Cluster Knowledge Networks: Uneven and Selective, not Pervasive and Collective [N]. DRUID Working Paper, 2005(11).

[199] M. T. Hansen & B. V. Oetiniger. Introducing T-Shaped Managers: Knowledge Management's Next Generation [J]. Harvard Business Review, 2001(3): 107-116.

[200] Lissoni. Knowledge Codification and the Geography of Innovation: The Case of Brescia Mechanical Cluster [J]. Research Policy, 2001(9): 1479-1500.

[201] B. Gay & B. Dousset Innovation and Network Structural Dynamics: Study of the Alliance Network of a Major Sector of the Biotechnology Industry [J]. Research Policy, 2005(10): 1457-1475.

[202] Owen-Smith & Powell. Knowledge Networks as Channels and Conduits. The Effects of Spillovers In the Boston Biotechnology Community [J]. Organization Studies, 2004(1): 5-21.

[203] A. Malipiero, F. Munari & M. Sobrero Focal Firms as Technological Gatekeepers within Industrial Districts. Knowledge Creation and Dissemination in the Italian Packaging Machinery Industry [N]. DRUI D Working Paper, 2005(5).

[204] Gulati, Network Location and Learning: The Influence of Network Resources and Firm Capabilities an Alliance Formation [J]. Strategic Management Journal, 1999(20): 397-420.

[205] R. Capello. Spatial Transfer of Knowledge in High-Technology Milieux: Learning Versus Collective Process [J]. Regional Studies, 1999(33): 353-365.

[206] A. Malipiero, F. Munari & M. Sobrero. Focal Firms as Technological Gatekeepers within Industrial Districts: Knowledge Creation and Dissemination in the Italian Packaging Machinery Industry [R]. Danish Research Unit for Industrial Dynamics (DRUID) Working Papers, 2005.

[207] D. Keeble, C. Lawson & B. Moore et a1. Collective Learning Processes, Networking and Institutional Thickness in the Cambridge Region [J]. Regional Studies, 1999(4): 319-333.

[208] M. Holmqvist. A Dynamic Model of Intra- and Inter-Organizational Learning [J]. Organization Studies, 2003(1).

[209] A. M. Knott. Exploration and Exploitation as Complements. In N. Bontis (Ed.), The Strategic Management of Intellectual Capital and Organizational Knowledge [M]. Oxford: Oxford University Press, 2003.

[210] C. Freeman. Networks of Innovators: A Synthesis of Research Issues [J]. Research Policy, 1991(20): 499-514.

[211] K. M. Eisenhardt & J. A. Martin Dynamic Capabilities: What Are They? [J]. Strategic Management Journal, 2000(10/11): 1105-1121.

[212] M. Zollo & S. G. Winter. Deliberate Learning and the Evolution of Dynamic Capabilities [J]. Organization Science, 2002(3): 339-351.

[213] A. Dubois. Organizing Industrial Activities Across Firm Boundaries. London: Routledge, 1998.

[214] A. Jaffe, M. Trajtenberg & R. Henderson Geographic Locationalization of Knowledge Spillovers as Evidenced Patent Citations [J]. Quarterly Journal of Economics, 1993(108): 77-598.

[215] W. M. Cohen & D. A. Levinthal. Absorptive Capacity: A New Perspective on Learning and Innovation [J]. Administrative Science Quarterly, 1990(35): 128-152.

[216] B. Zaheer. Benefiting from Network Position: Firm Capabilities, Structural Holes, and Performance [J]. Strategic Management Journal, 2005(26): 809-825.

后　记

本书是在我博士论文基础上完成的，终于可以出版了，心中充满喜悦。在整个研究的过程中我得到很多人的鼓励和支持。在即将出版之际，我要向他们表达衷心的感谢。

首先要感谢我的导师胡宇辰教授。师从胡老师三年进行硕士学习后，博士学习又能拜在他门下，我心里非常感激。胡老师严谨的治学态度、把握大局的意识、接受新生事物的积极态度和能力以及求实的工作作风是我一生的学习榜样。尤其是在参加胡老师的自然科学基金项目研究的过程中感受更深，我的博士论文也由此有了初步的选题和构思，之后从选题、立题、构思、调研到一稿、二稿的修改，再到最后定稿，胡老师都一一悉心指导，并不断督促和鼓励我，这才使我的论文得以完成，再次对胡老师表示衷心的感谢。同时，感谢我的师母一直以来温暖的关心与问候。

其次感谢吴照云教授、李良智教授、杨慧教授、张孝锋教授，在我论文开题、写作到最后定稿的过程中他们提供了宝贵意见，使我的论文理论构思更严谨，现实意义更强。

还要感谢我的同事张孝锋、杨建锋、杨杰、汪新艳、邹艳芬、蔡文著、李敏、占小军等，他们不厌其烦地和我交流，给了我很多启发和帮助。

还要感谢我的同窗好友余可发、李良贤、钟玲、陈小锋、钟运动。感谢他们在读博期间的共同学习和交流以及对我的鼓励。

还要感谢我的同门师兄师妹周巍、吴群以及王宇露同学，他们在调研、问卷的设计和数据处理都给了我很多宝贵意见和帮助。

最后要感谢我的丈夫，在我的研究写作和调研过程中，他提供了很多支持；也感谢我的女儿，她在高考期间能自主安排自己的学习，使我有更多的时间投入研究写作。

本书的出版得到江西财经大学的资助，感谢学校和工商学院的各级领导的支持和帮助。

“路漫漫其修远兮，吾将上下而求索。”该书虽然完成了，但在研究过程中我也发现了一些自己的不足之处，这也将是我以后进一步研究的方向。

何小兰

2018.2.25